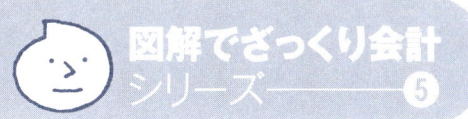 

新日本有限責任監査法人［編］

連結会計のしくみ 第2版

中央経済社

発刊にあたって

　わが国の企業会計は，2010年3月期より国際会計基準の任意適用が始まるなど，グローバル化が避けがたいものとなっています。さらに，2013年6月に「国際会計基準への対応のあり方に関する当面の方針」が公表され，任意適用の積上げに向けた動きが加速しています。そのような中，多くの会計基準の制定および改正が行われてきているところです。直近では，「企業結合に関する会計基準」，「連結財務諸表に関する会計基準」，「退職給付に係る会計基準」などが改正されており，このような多くの会計基準の適用は，財務諸表を読み解くことをより難しくしています。

　企業経営を行っていくうえで，財務諸表を理解する能力が必須であることを考えますと，企業を安定させ，さらには持続的に成長させていくためにも，会計・経理は企業経営に重要な役割を担っているといえます。また，経営者や経理部門に携わる方だけではなく，財務部門および営業部門等の社員の方々にとっても，各々の業務を実施していくために財務諸表等を理解し，利用していくことは必要といえます。

　このような背景を踏まえ，新日本有限責任監査法人では，経理部門等で経理業務を実践している方のみではなく，これから会計・経理を学ぼうとされている方，会計基準等をイチから勉強しようと考えている方など会計入門者の方を中心に，会計を基礎から理解していただくため，判りづらいと言われている会計論点を「図解でざっくり会計シリーズ」として全7巻刊行いたしました。

　本シリーズは，図，表，絵，仕訳例等をふんだんに使用して，基本的な内容を判りやすく説明することをコンセプトに作成しています。その

ため，各会計基準等の特徴的な論点を中心とした解説とし，基準等の定義・専門用語等も可能な限り平易な説明としています。原則として見開き2ページの形式として，左ページに図表，右ページに文章による解説で理解を深める構成としています。

　経理業務に係りのある方のみではなく，会計を理解したいというさまざまな方に本シリーズを手に取っていただき，会計を身近に感じ，まず「ざっくり」と会計をご理解いただけましたら幸甚です。

平成26年7月

新日本有限責任監査法人
理事長　英　公一

改訂にあたって

　平成25年9月に連結財務諸表に関する会計基準が改正になりました。連結会計には、「少数株主持分」や「少数株主持分利益」といった特有の言葉がありますが、この改正により「非支配株主持分」や「非支配株主に帰属する当期純利益」という名称に変更になっています。

　また、単に表現が変わっただけでなく、親会社が所有する子会社の持分が変動した場合の考え方（仕訳）が、改正前と改正後とでは大きく変わっています。

　この本は、連結財務諸表に関する基本中の基本の知識を、図・表・絵をふんだんに使用し、専門的な言葉をなるべく少なくして平易な言葉で解説したものです。

　一般的に会計の本といえば、分厚くて重い、表紙も硬ければ中身も堅いということになってしまうのですが、この本はまったく逆の、軽くて・分かりやすくて・面白い、の3つのキーワードをコンセプトとしています。

　改正された連結会計基準は、平成27年4月1日以降開始する連結会計年度から適用されますが、この改正ポイントについても、どこが改正されたのか、なぜ改正されたのかを、いち早く、容易に理解していただけるように心がけて執筆しました。

これから連結財務諸表の作成にたずさわる経理マンはもちろん，作成する機会はないけれども連結財務諸表の読み方が知りたいという方にも，気軽にお読みいただける内容となっています。

　さあ，この本の案内人「ざっくり君」と一緒に，連結会計の本質をざっくり理解しちゃいましょう。

Contents

発刊にあたって …………………………………………… 3
はじめに …………………………………………………… 5

第0章　連結会計基準の改正 …………………………… 15

0-1　平成25年改正のポイント ……………………… 16
変更点は3つ

COFFEE BREAK ………………………………………… 18
純資産の部

第1章　連結財務諸表が必要なわけ ………………… 19

1-1　なぜ連結財務諸表が必要か ……………………… 20
企業グループの全体像を開示するため

1-2　連結の基本は合算と消去 ………………………… 22
まずは合算，次にグループ会社間取引を相殺消去

1-3　連結財務諸表の作り方 …………………………… 24
すべては合算と相殺消去で作成される

1-4　連結財務諸表の表示 ……………………………… 26
連結財務諸表に特有な科目

1-5　連結の範囲 ………………………………………… 28
親会社とすべての子会社が連結の範囲

1-6　連結の範囲（支配とは過半数） ………………… 30
議決権の過半数所有で支配となる

1−7 連結の範囲（実質的支配）……………………… 32
　　　議決権の過半数を所有していなくても，支配となることがある

One more 平成25年改正前と改正後の表示 ……… 34

1−8 連結の範囲（間接的支配）……………………… 36
　　　間接的に所有する議決権もカウントする

1−9 連結の範囲（非連結子会社）…………………… 38
　　　連結しない子会社とは？

1−10 連結決算日 ………………………………………… 40
　　　決算日が異なる子会社の取扱い

COFFEE BREAK ……………………………………………… 42
　　連結外しってなに？

第2章　投資と資本の相殺消去 …………………… 43

2−1 投資と資本の相殺消去とは …………………… 44
　　　親会社の投資（子会社株式）と子会社の資本を消去する

2−2 資本連結の基本的なポイント ………………… 46
　　　3つの基本的ポイントを押さえましょう

2−3 子会社設立と子会社買収 ……………………… 48
　　　設立も買収も，株式の所有と資本の関係

2−4 子会社買収とのれん …………………………… 50
　　　のれんが発生する場合とは？

2−5 のれんの計上と償却 …………………………… 52
　　　のれんは無形固定資産に計上

2−6 買収と資産・負債の時価評価 ………………… 54
　　　子会社の資本を時価に修正

2-7	100%子会社ではない場合 …………… 56
	非支配株主の持分は，親会社の資本や利益と区別

2-8	子会社設立と非支配株主 ……………… 58
	子会社資本の非支配株主持分への振替えが発生

2-9	子会社買収と非支配株主 ……………… 60
	ここでも子会社資本の非支配株主持分への振替えが発生

2-10	非支配株主と損益 ……………………… 62
	非支配株主持分への振替えが必要

2-11	非支配株主と損失負担 ………………… 64
	子会社資本がマイナスの場合は，すべて親会社負担

One more	非支配株主持分は資本か？ …………… 66

2-12	子会社株式の追加取得 ………………… 68
	非支配株主持分が減少し，親会社の持分に振替え

2-13	子会社株式の一部売却① ……………… 70
	資本の非支配株主への振替え

2-14	子会社株式の一部売却② ……………… 72
	「売却損益」でなく「資本剰余金」

One more	平成25年改正前と改正後の資本連結 …… 74

2-15	子会社からの配当の消去 ……………… 76
	親会社の「受取配当金」と子会社の「支払配当金」を相殺消去

One more	子会社株式を減損した場合の連結上の処理 …………………………………… 78

COFFEE BREAK …………………………………… 80
子会社の判定と持分比率

第3章　取引消去と債権債務の消去 …… 81

- 3−1　取引高の相殺消去 …… 82
  連結グループ内の取引はなかったことに
- 3−2　債権と債務の相殺消去 …… 84
  連結グループ内の債権債務はなかったことに
- 3−3　受取手形と支払手形① …… 86
  受取手形と裏書の取扱い
- 3−4　受取手形と支払手形② …… 88
  受取手形と裏書・割引の取扱い
- 3−5　貸付金と借入金 …… 90
  利息の消去を忘れずに
- 3−6　貸倒引当金の調整 …… 92
  貸倒引当金の調整を忘れずに
- 3−7　未達取引 …… 94
  未達部分は調整してから消去
- 3−8　第三者を介する連結会社間取引 …… 96
  経済実態に応じて相殺消去

COFFEE BREAK …… 98
関連当事者との取引

第4章　未実現損益の消去 …… 99

- 4−1　未実現損益消去の意味 …… 100
  未実現の内部損益は消去
- 4−2　棚卸資産の未実現利益消去① …… 102
  グループ内への販売＝保管場所の変更

One more	取引消去と未実現利益消去 …………… 104
4-3	棚卸資産の未実現利益消去② ………… 106
	ダウンストリーム（親→子）の場合
4-4	棚卸資産の未実現利益消去③ ………… 108
	アップストリーム（子→親）の場合
4-5	未実現損失の場合 ……………………… 110
	3つのパターンにより消去額が変わる
One more	実務上の留意点 ………………………… 114
4-6	固定資産の未実現利益消去① ………… 116
	売買取引によって生じた未実現利益を消去する
4-7	固定資産の未実現利益消去② ………… 118
	償却資産の場合の利益の実現

COFFEE BREAK ……………………………………………… 122
連結情報の収集

第5章　持分法の考え方 ……………………… 123

5-1	連結法のおさらい ……………………… 124
	連結とは合算と相殺消去
5-2	持分法の考え方 ………………………… 126
	被投資会社に対する持分だけを反映
5-3	持分法の適用範囲 ……………………… 128
	持分法は，どんな会社に使うの？
5-4	関連会社 ………………………………… 130
	支配と重要な影響の違い

5－5　持分法の必要性 …………………………… 132
　　　持分法を適用するわけとは？

5－6　持分法の会計処理 …………………………… 134
　　　持分法の処理は4種類

5－7　当期純利益の按分 …………………………… 136
　　　投資会社の持分だけの利益の取込み

5－8　配当金の消去 ………………………………… 138
　　　配当による二重取りの回避

5－9　未実現利益の消去（ダウンストリーム）… 140
　　　親会社の売上から未実現利益を消去

5－10　未実現利益の消去（アップストリーム）… 142
　　　投資会社の棚卸資産から未実現利益を消去

5－11　投資差額の償却 …………………………… 144
　　　持分法の場合ののれん認識と償却

5－12　持分法適用会社と債務超過 ……………… 146
　　　関連会社の損失は誰が負担するか

COFFEE BREAK ……………………………………… 148
　　　個別財務諸表なのに持分法？

第6章　海外子会社の連結 ……………………… 149

6－1　海外子会社の財務諸表合算 ………………… 150
　　　外貨を円貨に換算する必要がある

6－2　為替換算 ……………………………………… 152
　　　フロー項目は平均レート，ストック項目は期末レートが基本

| 6-3 | 為替換算調整勘定 ································ | 154 |

貸借一致させるための調整ボックス

| 6-4 | 海外子会社の会計処理の統一 ·················· | 156 |

連結財務諸表として共通の会計処理

COFFEE BREAK ☕ ································ 158

連結財務諸表作成の視点

第7章　連結精算表と開始仕訳 ···················· 159

| 7-1 | 連結精算表 ·· | 160 |

連結仕訳をまとめたものが連結精算表

| 7-2 | 開始仕訳 ·· | 162 |

開始仕訳とは過去の仕訳の引継ぎ作業

One more 未実現の実現の仕訳 ························ 164

第0章 連結会計基準の改正

連結財務諸表を作成する際には、「連結財務諸表に関する会計基準」に従って作成する必要があります。この基準が、平成25年9月13日に改正されました。

本書では、この改正後の基準を「平成25年改正基準」と呼ぶこととし、変更の概要を第0章として解説します。

平成25年改正のポイント
変更点は3つ

 平成25年9月に，連結財務諸表の国際間での比較を容易にすることを主な目的として，連結会計基準の改正が行われました。

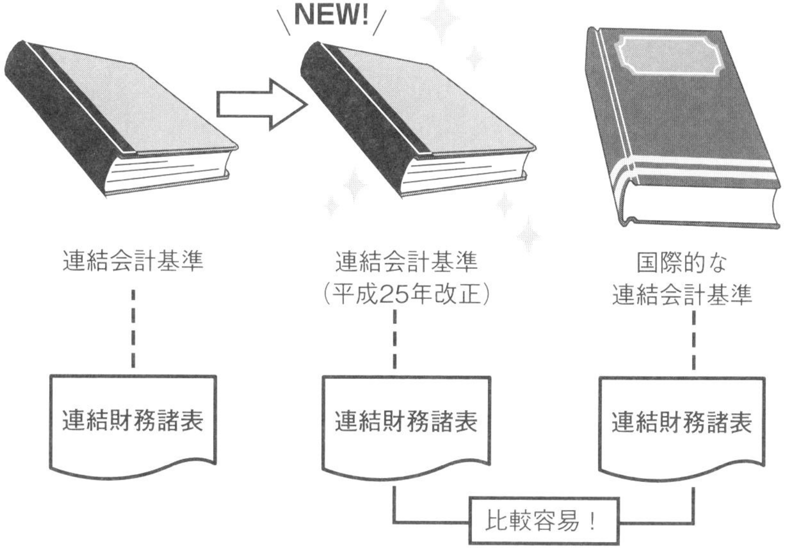

変更点は，
① 当期純利益の表示
② 少数株主持分の表示
③ 子会社株式の追加取得と一部売却の取扱い
の3つだな。

■平成25年度改正の目的■

連結財務諸表の作成方法は,「連結財務諸表に関する会計基準」を中心とする会計基準に定められています。

この「連結財務諸表に関する会計基準」は,連結財務諸表が正しく作成されるように会計処理や表示方法を定めているものですが,国際的な会計基準とはいくつかの点で相違点がありました。この相違は,どちらの基準が正しく,どちらの基準が間違っているということではなく,背景や考え方の違いから生じているのですが,会計処理や表示方法が異なると,双方の財務諸表を比較することが困難になります。

そのため,比較可能性の向上を図ることを目的として,国際的な会計基準の考え方が一部取り入れられました。

■3つの変更点■

今回の改正の変更点は,大きく3つに整理することができます。
① 当期純利益の表示
② 少数株主持分(非支配株主持分)の表示
③ 子会社株式の追加取得と一部売却の取扱い

■適用時期■

この平成25年改正基準は,平成27年4月1日以降開始する連結会計年度の期首から適用することになります。ただし,「③子会社株式の追加取得と一部売却の取扱い」については,平成26年4月1日以降開始する連結会計年度の期首から,早期適用することが可能です。

純資産の部

　平成25年改正基準では，資本剰余金がポイントとなります。連結財務諸表の純資産の部を確認しておきましょう。

```
　　　純資産の部
　　　　株主資本
　　　　　資本金                           ×××
　　　　　資本剰余金                       ×××
　　　　　利益剰余金                       ×××
　　　　　自己株式                        △×××
　　　　　株主資本合計                     ×××
　　　　その他の包括利益累計額
　　　　　その他有価証券評価差額金         ×××
　　　　　繰延ヘッジ損益                   ×××
　　　　　土地再評価差額金                 ×××
　　　　　為替換算調整勘定                 ×××
　　　　　退職給付に係る調整累計額         ×××
　　　　　その他の包括利益累計額合計       ×××
　　　　非支配株主持分                     ×××
　　　　純資産合計
```

　資産から負債を引いた差額が純資産です。純資産は差額の概念ですので，中にはいろいろなものが入っています。しかし，ごちゃごちゃしたままでは困るため，①親会社の株主に帰属するものを「株主資本」，②非支配株主に帰属するものを「非支配株主持分」，③その他のものを「その他の包括利益累計額」として，3つの項目に分類しています。ここでは，「株主資本」に着目しましょう。

　資本金や資本剰余金は株主との取引から生じる勘定科目です。第2章の平成25年改正基準における子会社株式の追加取得や一部売却で登場する資本剰余金はここに表示されています。

　利益剰余金は，連結グループが獲得した利益の累計額です。

　自己株式は，自社で発行した株式を自ら所有しているもののため，マイナス表示となります。連結の自己株式には，親会社が所有する自社の株式だけでなく，連結子会社が所有する親会社株式も含まれている点が特徴的です。

第1章 連結財務諸表が必要なわけ

　企業の業績や財産の状況を表すために，財務諸表が作られます。財務諸表には，個別財務諸表と連結財務諸表があります。

　まずは，なぜ連結財務諸表が求められるのか，その必要性について考えてみましょう。

1-1 なぜ連結財務諸表が必要か

企業グループの全体像を開示するため

> 複数の会社からなる企業グループを形成する会社では，全体を1つの大きな会社として，財務諸表を作成します。

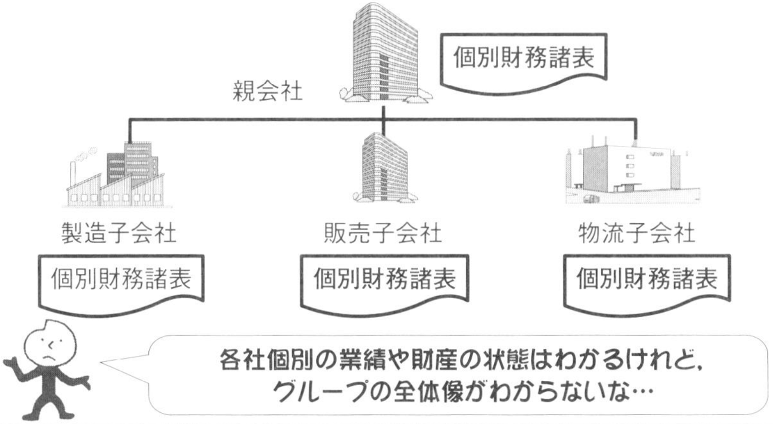

親会社 — 個別財務諸表

製造子会社 — 個別財務諸表
販売子会社 — 個別財務諸表
物流子会社 — 個別財務諸表

各社個別の業績や財産の状態はわかるけれど，グループの全体像がわからないな…

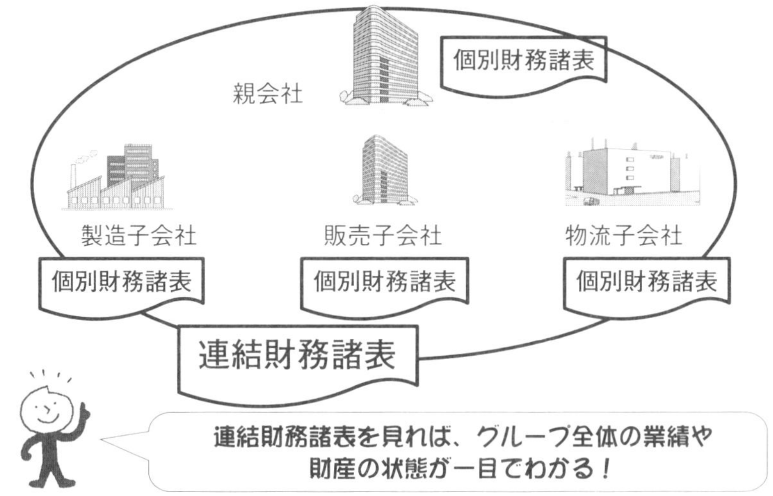

親会社 — 個別財務諸表

製造子会社 — 個別財務諸表
販売子会社 — 個別財務諸表
物流子会社 — 個別財務諸表

連結財務諸表

連結財務諸表を見れば、グループ全体の業績や財産の状態が一目でわかる！

■個別財務諸表では各社個別の状態しかわからない■

　経営の多角化や国際化が進むにつれて，複数の会社からなるグループ経営を行う会社が一般的になっています。グループ経営においては，そこに属する会社はグループの一員として経営活動を行います。

　会社はそれぞれ財務諸表を作成していますが，経営者や投資家などが，グループが全体としてもうかっているのかどうか，業績や財産の状態を知りたいと思ったとき，各社の個別の財務諸表を見ても情報が限定されていてよくわかりません。たとえ，構成会社すべての財務諸表に目をとおしたとしても，グループの全体像を把握することはできません。

■連結財務諸表では企業グループの全体像が把握できる■

　連結財務諸表は，企業グループ全体の業績や財産の状態を明らかにするものです。企業グループを構成する会社数やその構成にかかわらず，企業グループを1つの組織単位とみなして作成されます。連結財務諸表を見れば，グループ全体の状態を把握することができます。

■開示は連結財務諸表が主，個別財務諸表が従■

　今ではグループ経営が一般的となっていることから，例えば，上場会社などに適用される金融商品取引法では，個別財務諸表よりも連結財務諸表のほうに重点を置いた開示が行われています。

> **Keyword**
>
> **連結財務諸表**
> 　連結財務諸表には，連結貸借対照表，連結損益計算書，連結包括利益計算書，連結株主資本等変動計算書，連結キャッシュ・フロー計算書，連結注記表があります。

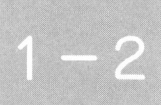

連結の基本は合算と消去

まずは合算，次にグループ会社間取引を相殺消去

 連結グループとして計上される売上は，連結グループの外部の顧客に対する売上金額です。

単純に合算すると…

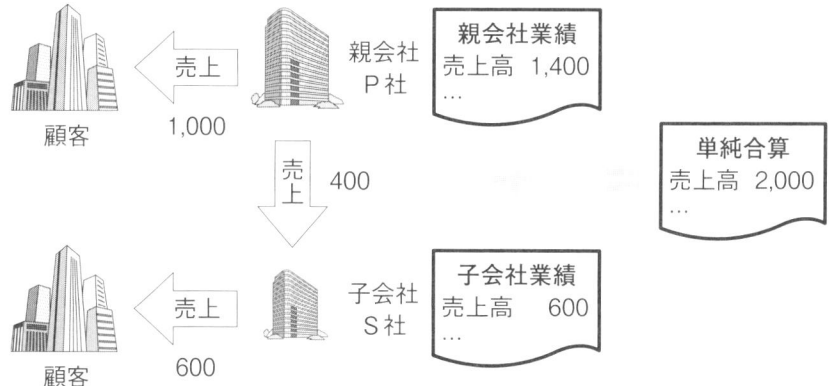

グループを1つの単位として見ると…

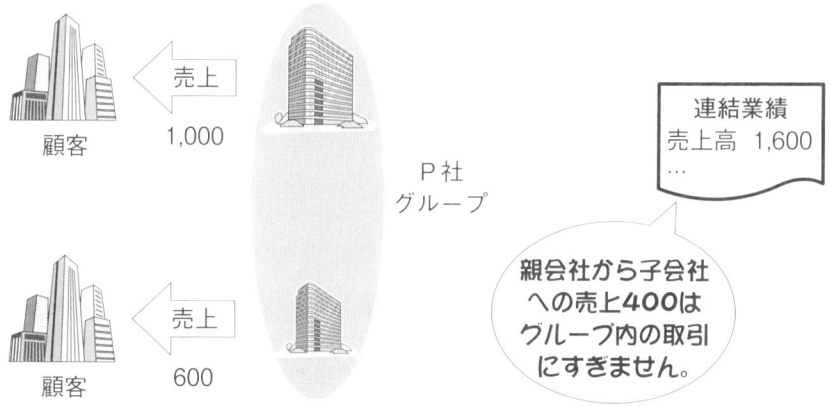

■連結の基本は合算■

連結財務諸表はどのように作成されるのでしょうか。

連結とはつなぎ合わせることです。連結財務諸表は個別財務諸表をつなぎ合わせることで，連結グループ全体の業績や財産の状態を開示するものです。よって，「合算」が連結財務諸表の基本です。

■グループ会社間取引は連結上なかったことにする■

それでは，単純に合算するだけでよいのでしょうか。

図の例では，親会社の売上は1,400万円，子会社の売上は600万円ですので，合算すると2,000万円となります。しかし，このグループを1つの大きな会社として考えた場合，売上は顧客に対する1,000万円と600万円の売上の合計である1,600万円となるべきです。

親会社から子会社への売上400万円は，グループ内部の取引で，連結グループとしての売上となるわけではありません。このような連結グループ会社間取引は，連結上なかったことにする（「相殺消去」する）必要があります。

■まずは合算，次にグループ会社間取引を相殺消去■

まとめると，連結の基本はまず「合算」することです。そして，次に連結仕訳において不要なグループ会社間取引を「相殺消去」します。

$$連結 = 合算 + 相殺消去$$

> **Keyword**
>
> 連結仕訳
> 　連結仕訳とは，連結財務諸表を作成する際に必要な仕訳です。個別財務諸表を合算してから完成形の連結財務諸表となるまでに必要な仕訳（グループ会社間取引の消去など）を指します。

1-3 連結財務諸表の作り方
すべては合算と相殺消去で作成される

> 連結財務諸表は、まず連結グループを構成する各会社の個別財務諸表をすべて合算して、その後グループ会社間取引を相殺消去することで作成されます。

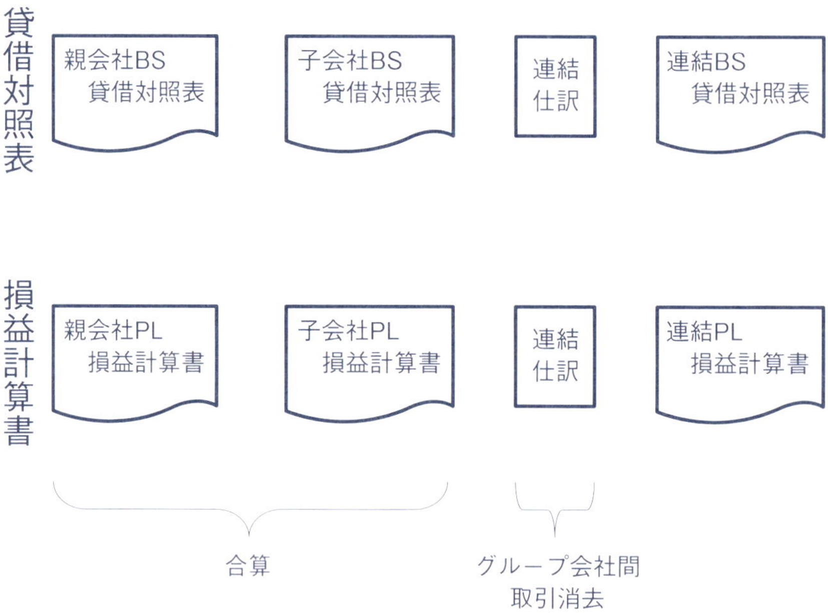

貸借対照表

| 親会社BS 貸借対照表 | 子会社BS 貸借対照表 | 連結 仕訳 | 連結BS 貸借対照表 |

損益計算書

| 親会社PL 損益計算書 | 子会社PL 損益計算書 | 連結 仕訳 | 連結PL 損益計算書 |

合算 / グループ会社間取引消去

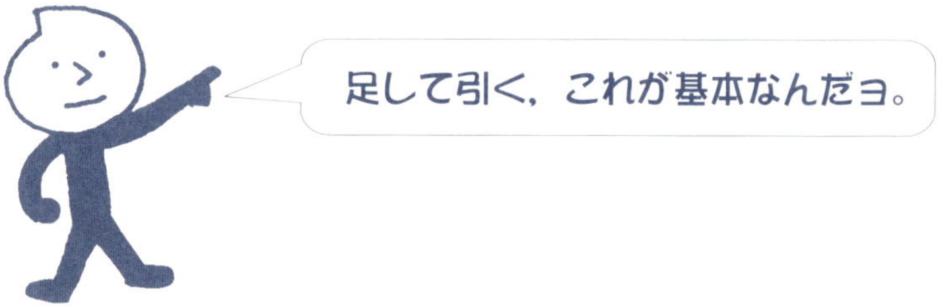

足して引く、これが基本なんだョ。

第1章　連結財務諸表が必要なわけ　25

■連結貸借対照表も連結損益計算書も，合算と相殺消去で作成■

　ここまでは売上高を例に説明しましたが，貸借対照表の資産・負債・資本（純資産），損益計算書の売上高から当期純利益に至るまで，連結会計の考え方は同じです。まず，すべての連結グループ会社の個別財務諸表を合算し，次に，連結仕訳において連結グループ会社間取引を相殺消去することで，連結財務諸表ができあがります。

■グループ会社間取引消去を理解することが肝心■

　合算については，ただ足し合わせればよいためイメージしやすいでしょう。連結においてポイントとなるのは，グループ会社間取引消去です。この内容を理解することが連結会計を理解するうえで必要です。

■グループ会社間取引消去の代表例は4つ■

　グループ会社間取引を消去する連結仕訳の代表例としては，投資と資本の相殺消去，取引高の相殺消去，債権債務の消去，未実現損益の消去の4つがあります。

> **One more**

　実際の連結仕訳には，グループ会社間取引消去にかかわる連結上の税効果会計の仕訳も含まれます。グループ会社間取引消去を行うと，繰延税金資産や繰延税金負債の計上の根拠となる税務と会計の金額の差異（一時差異）に影響を与えることがあります。そのため，個別財務諸表で計上している繰延税金資産や繰延税金負債の額を，連結仕訳により修正する必要があります。
　なお，本書では基本となる連結仕訳を理解するという趣旨から，連結上の税効果会計についてはあえて触れていません。連結上の税効果については本シリーズの『税効果会計のしくみ』で解説しています。

1-4 連結財務諸表の表示
連結財務諸表に特有な科目

 平成25年改正！

 連結財務諸表の基本形は，個別財務諸表と同じです。ただし，個別財務諸表にはない連結財務諸表に特有な固有の勘定科目があります。

連結貸借対照表

資産の部	×××	負債の部	×××
流動資産	×××	流動負債	×××
固定資産	×××	固定負債	×××
有形固定資産	×××	純資産の部	×××
無形固定資産	×××	株主資本	×××
投資その他の資産	×××	その他の包括利益累計額	×××
繰延資産	×××	非支配株主持分	×××

連結損益計算書

売上高	×××
売上原価	×××
売上総利益	×××
販売費及び一般管理費	×××
営業利益	×××
営業外収益	×××
持分法による投資利益	×××
営業外費用	×××
経常利益	×××
特別利益	×××
特別損失	×××
税金等調整前当期純利益	×××
法人税等	×××
当期純利益	×××
非支配株主に帰属する当期純利益	×××
親会社株主に帰属する当期純利益	×××

■基本は個別財務諸表と同じ■

連結財務諸表は，連結グループ会社の個別財務諸表を合算し，連結グループ会社間取引を相殺消去することでできあがります。このため，連結財務諸表は，個別財務諸表と同じ勘定科目で構成されています。

■連結固有の項目があります■

連結財務諸表を見ると，個別財務諸表にはない連結固有の科目があることに気がつきませんか？

例えば，非支配株主です。連結貸借対照表には「非支配株主持分」，連結損益計算書には「非支配株主に帰属する当期純利益」という科目がありますが，個別の財務諸表にはこのような科目はありません。

また，連結損益計算書の営業外収益には，「持分法による投資利益」という科目が見えます。

これらの科目が連結仕訳でどのように作られるかは，これから順を追って説明していきます。この本を読み終えると，こうした科目が何を意味しているのかを理解することができるようになります。

> **One more**

連結財務諸表の用語

「非支配株主持分」や「非支配株主に帰属する当期純利益」以外にも，個別財務諸表では見慣れない表示があります。

例えば，連結貸借対照表の純資産の部の「その他の包括利益累計額」という科目です。これは個別貸借対照表の「評価・換算差額等」に対応する科目です。

また，当期純利益から「非支配株主に帰属する当期純利益」を差し引いたものが「親会社株主に帰属する当期純利益」として表示されます。

1-5 連結の範囲
親会社とすべての子会社が連結の範囲

 連結の範囲は、親会社とすべての子会社です。子会社とは親会社に支配される会社です。

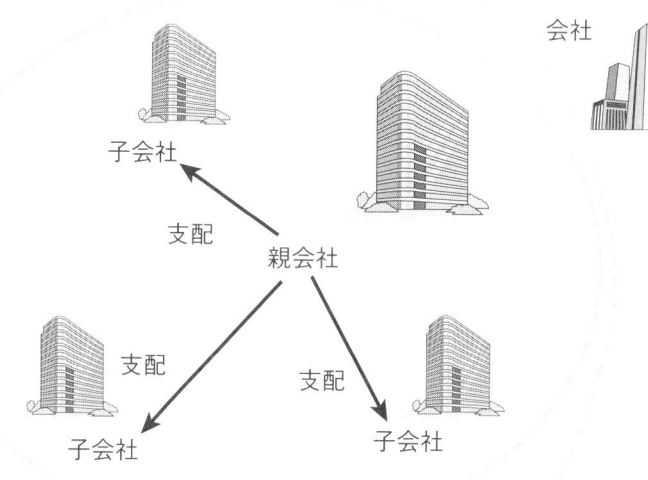

会社

会社

会社

■グループの一員であれば連結の範囲に含まれる■

それでは、連結において合算の対象となる会社はどれでしょうか。連結財務諸表の作成にあたり、まず決めなければならないことが、どの会社を連結財務諸表の対象に含めるかということです。これを連結の範囲の決定といいます。

連結の範囲を決めるときの重要な視点は、企業グループの一員としてグループ全体の意思に従いながら経営活動をしているかどうかということです。

■親会社とすべての子会社■

グループの意思決定権は、集団の頂点に立つ親会社が握り、子会社は親会社の意思決定に従うというのが一般的です。グループを支配する会社が親会社であり、親会社に支配されるすべての会社が子会社です。

原則として、親会社はすべての子会社を連結の範囲に含めることになります。

■ポイントは支配の有無■

ある会社が子会社として連結の範囲に含まれるかどうかは、支配の有無、つまりその会社が親会社に支配されているかどうかで決まります。それでは次に、どのような場合が支配にあたるのかについて、見てみましょう。

> **Keyword**
>
> **親会社と子会社**
> 「連結財務諸表に関する会計基準」では、「親会社」とは他の企業の財務および営業または事業の方針を決定する機関を支配している企業をいい、「子会社」とは当該他の企業をいう、と定義されています。

1-6 連結の範囲（支配とは過半数）
議決権の過半数所有で支配となる

 子会社かどうかは，議決権の所有比率で判定します。議決権株式の過半数を所有していれば，子会社となります。

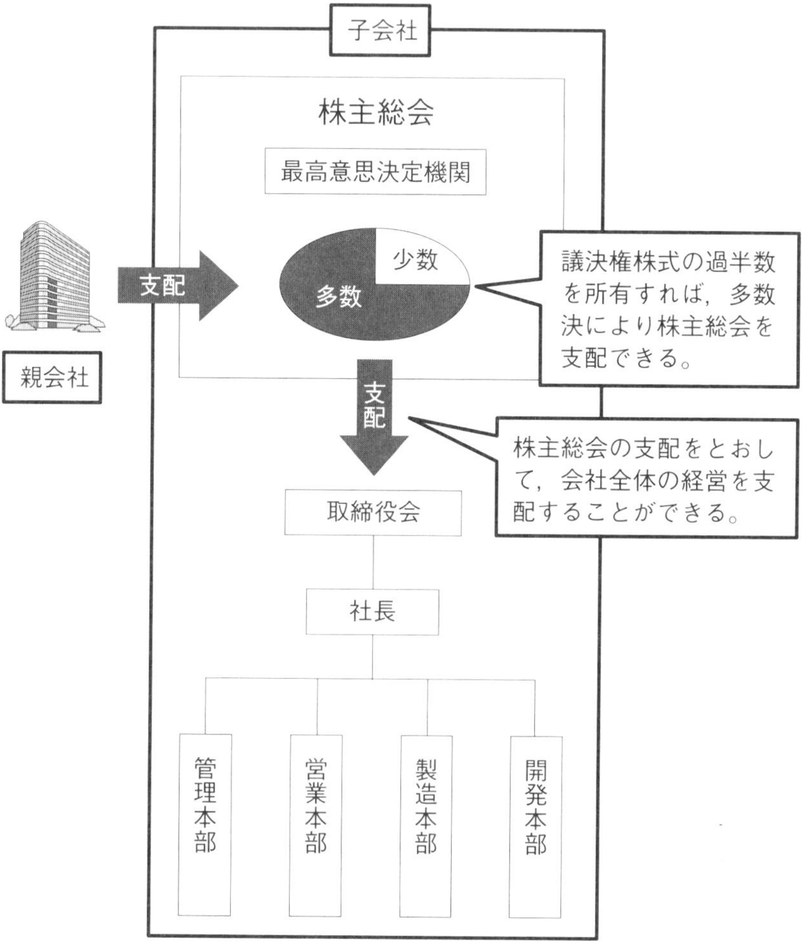

子会社

株主総会 — 最高意思決定機関

親会社 → 支配 → 多数／少数

議決権株式の過半数を所有すれば，多数決により株主総会を支配できる。

↓ 支配

取締役会 → 社長 → 管理本部／営業本部／製造本部／開発本部

株主総会の支配をとおして，会社全体の経営を支配することができる。

■会社の意思決定機関を支配すれば、会社を支配できる■

会社は意思決定機関を設けてそこで意思決定を行います。意思決定機関を支配すれば、会社の行動を意のままにコントロールすることができます。

株式会社を例にとれば、最高の意思決定機関は株主総会です。株主総会を支配すれば、その他の意思決定機関も株主総会を通じて支配することができますので、株主総会を支配することが会社を支配することにつながるといえます。

■議決権の過半数を所有していれば支配■

株主総会では、議決権によって決議を行います。議決権の過半数を所有していれば、多数決により自己の意思を総会決議に反映できます。

これはつまり、支配している状態といえます。他の会社の議決権の過半数を所有していれば、その会社を支配することができますので、その会社は子会社となります。

■議決権の過半数を所有していなくても、支配となることがある■

支配とは、他の会社の議決権の過半数を所有することだ、ということがわかりました。では、逆に、過半数を所有していなければ、その会社を支配していないといえるでしょうか。これについて、項目を改めて見ていきましょう。

> **One more**
>
> 取締役会が設置されている会社においては、会社の経営は、経営のプロである取締役会によって行われます。株主総会の決議事項としては、取締役等役員の選解任、役員の報酬決定など重要なものに限定されています。会社の経営に不満がある株主は、選解任権を行使することで間接的に経営をコントロールすることができます。

連結の範囲（実質的支配）

議決権の過半数を所有していなくても，支配となることがある

> 議決権の過半数を所有していれば子会社となります。しかし，議決権の過半数を所有していなくても，実質的に支配しているとみられる場合には，子会社となります。

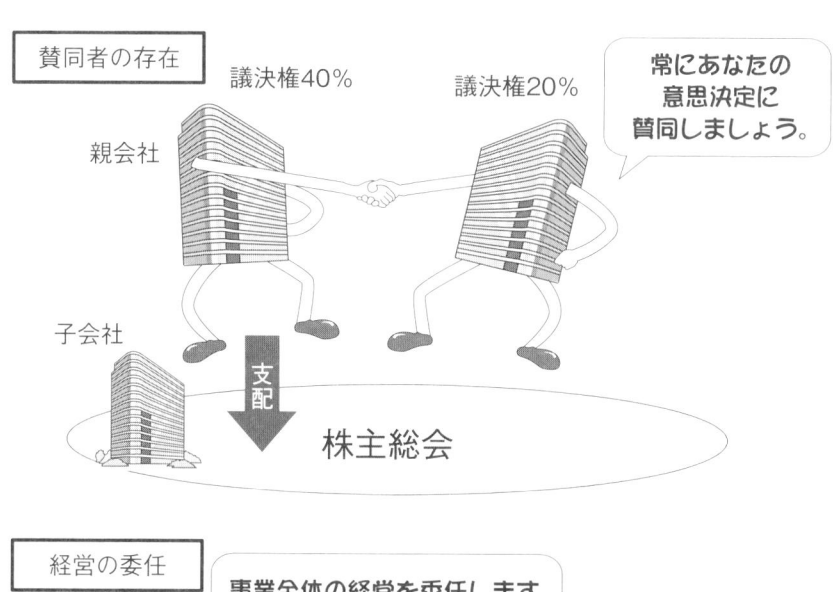

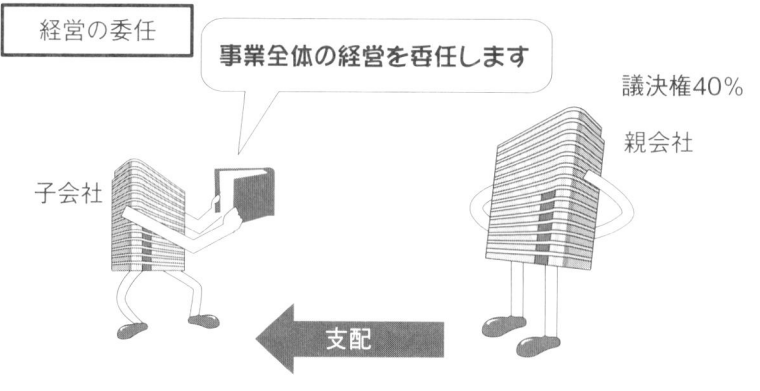

■意思決定賛同者の存在■

次のような例を考えてみましょう。

① 議決権の所有割合は40％だが、その会社の議決権行使について常に自分の考えに賛同する株主が存在し、その賛同者と合わせると議決権の過半数を制している

② 議決権の所有割合は40％だが、その会社から会社法上の事業全部の経営の委任を受けているなど、会社の経営方針を支配できる契約を締結している

①の場合、賛同者の存在によって、その会社の株主総会決議を自由にできる状況にあります。また、②の場合においても、契約の存在によって、会社の経営を支配できる状況にあります。①、②とも、議決権比率は過半数ではありませんが、実態としては支配しているといえます。

■支配の実態があれば、所有割合にかかわらず子会社■

このように、議決権の過半数を所有していなくても、実質的に支配の実態があると認められれば子会社と判定されます。

> **Keyword**
>
> 支配力基準
>   子会社かどうかの判定を行う際、議決権（株式）の過半数を所有しているかどうかのみを基準にする方法を持株（もちかぶ）基準と呼びます。
>   一方、株式の過半数を所有しているかどうかに加え、支配の実態があるかを実質的に判断して、子会社かどうかの判定を行う方法を支配力基準と呼びます。現在は支配力基準が採用されています。

One more

平成25年改正前と改正後の表示

平成25年に改正される前は、連結貸借対照表の非支配株主持分や連結損益計算書の当期純利益の表示が改正後のものと違っていました。

平成25年改正前

連結貸借対照表（負債の部）

負債の部	×××
流動負債	×××
固定負債	×××
純資産の部	×××
株主資本	×××
その他の包括利益累計額	×××
少数株主持分	×××

連結損益計算書

:	:
税金等調整前当期純利益	×××
法人税等	×××
少数株主損益調整前当期純利益	×××
少数株主利益	×××
当期純利益	×××

平成25年改正後

連結貸借対照表（負債の部）

負債の部	×××
流動負債	×××
固定負債	×××
純資産の部	×××
株主資本	×××
その他の包括利益累計額	×××
非支配株主持分	×××

連結損益計算書

:	:
税金等調整前当期純利益	×××
法人税等	×××
当期純利益	×××
非支配株主に帰属する当期純利益	×××
親会社株主に帰属する当期純利益	×××

同じ当期純利益でも、示すものが違うのか。

平成25年改正前は，親会社株主に対して，それ以外の株主は少数株主という名称で呼ばれ，親会社に帰属しない子会社の資本や利益は，少数株主に属するものとして，少数株主持分や少数株主利益という名称で，区別して表示していました。しかし，前項の解説のとおり，賛同者の存在などにより議決権の過半数を所有していなくても（親会社が少数持分）であっても，実質的に支配し親会社となる場合があります。そうした場合，親会社以外の持分を少数株主持分と呼ぶのは正確ではないため，「非支配株主持分」という名称に変更になりました。

　同様に，従来の「少数株主利益」は「非支配株主に帰属する当期純利益」と変更になりました。

　これにより，改正前まで当期純利益には，非支配株主（少数株主）に帰属する利益は含まれていなかったのですが，改正後は，非支配株主（少数株主）に帰属する利益も含まれることになるため，注意が必要です。

【今まで】	【平成25年改正】
少数株主損益調整前当期純利益　➡	当期純利益
当期純利益　➡	親会社株主に帰属する当期純利益

　なお，平成25年改正基準は，平成27年4月1日以降開始する連結会計年度の期首から適用となっていますが，平成26年4月1日以降開始する連結会計年度の期首から，早期適用することも認められています。

　しかし，この表示方法の変更については，早期適用は認められていません。これは，早期適用した会社と早期適用しない会社が同時期に混在すると，同じ当期純利益でも，非支配株主に帰属する当期純利益を含まない場合と含む場合が生じるため，財務諸表の利用者が混乱するからです。

1-8 連結の範囲（間接的支配）
間接的に所有する議決権もカウントする

> 他の会社を直接支配していれば，当然その会社は子会社となります。これに加えて，子会社を利用して他社を支配している場合も，子会社となります。

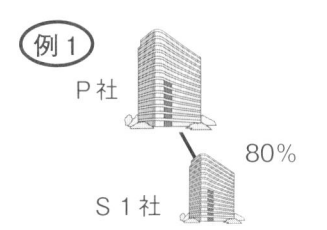

例1

P社 → 80% → S1社

P社はS社の議決権の80％を所有

S1社はP社の子会社（直接支配）

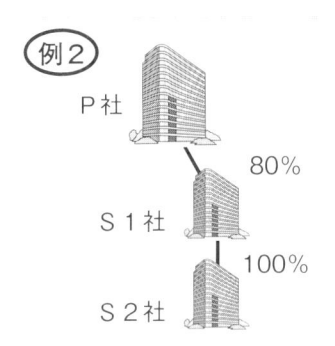

例2

P社 → 80% → S1社 → 100% → S2社

①S1社はP社に支配されている
②S2社はS1社に支配されている

S2社もP社の子会社
（S1社を経由した支配）

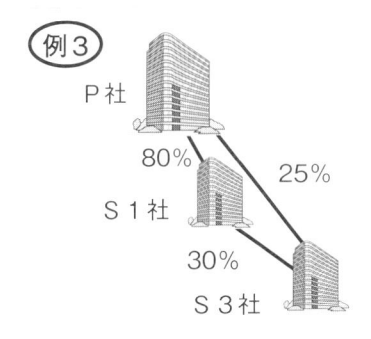

例3

P社 → 80% → S1社
P社 → 25% → S3社
S1社 → 30% → S3社

①P社単独ではS3社を支配していない
②S1社単独ではS3社を支配していない
③P社とS1社を合わせるとS3社株式の過半数所有

S3社もP社の子会社
（S1社とともに支配）

ここでは連結の範囲について，3つの例を取り上げます。

■親会社に直接支配されている会社は子会社（例1）■

S1社の議決権の過半数（80％）を所有しているため，P社のS1社に対する支配が成立します。S1社はP社の子会社となります。

■子会社に支配されている会社も子会社（孫会社）（例2）■

S1社の下のS2社はどうでしょうか。

S2社はS1社に支配され，S1社はP社に支配されています。したがって，S2社はS1社を通じてP社の支配を受けることになるため，P社の子会社といえます。親会社が子会社（S1社）を通じて支配している会社（S2社）を，分かりやすく孫会社ということもあります。

■親会社と子会社で合わせて支配している場合も子会社（例3）■

次は，S3社を考えてみたいと思います。P社はS3社の議決権を25％所有し，子会社のS1社はS3社の議決権を30％所有していますが，P社あるいはS1社だけではS3社に対する支配は成立しません。

しかし，S1社はP社により支配される子会社であり，P社の意向どおりに行動します。S3社から見れば，P社に55％の議決権を所有されているのと同じことであり，P社の支配を受けていることになります。したがって，S3社もP社の子会社となります。

> **Keyword**
>
> P社，S社
> 　通常，親会社はP社，子会社はS社といいますが，これはそれぞれParent company，Subsidiary company の頭文字をとったものです。

1-9 連結の範囲（非連結子会社）
連結しない子会社とは？

> 子会社はすべて連結の範囲に含めることが原則です。しかし，グループにとって重要性の乏しい子会社は連結の範囲に含めないことができます。連結の範囲に含まれる子会社を連結子会社といい，連結の範囲に含めない子会社を非連結子会社といいます。

企業グループ

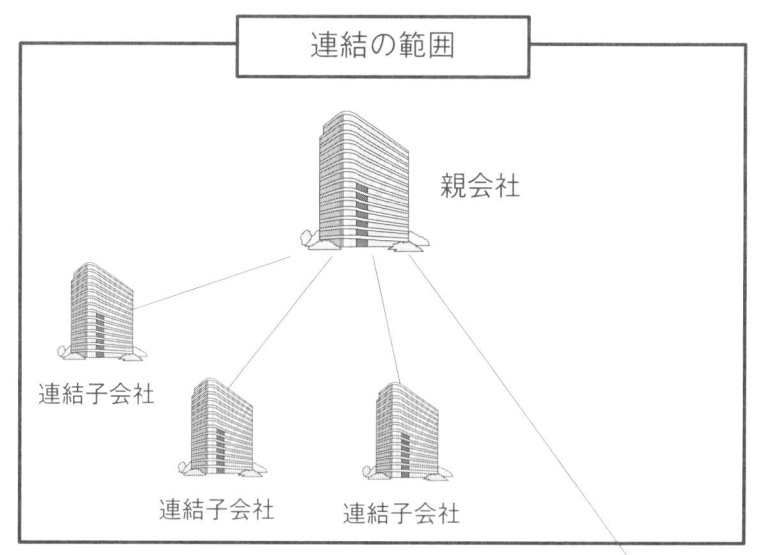

連結の範囲

親会社

連結子会社

連結子会社　連結子会社

小さな会社だから，連結の範囲に入れなくても大丈夫だな。

非 連結子会社

■すべての子会社を連結しないことが認められる場合がある■

連結の範囲には,すべての子会社が含まれます。

しかし,子会社であっても連結の範囲に含めないことが容認される場合があります。例えば,小さな子会社で連結グループに占める重要性が乏しく,連結に含めても含めなくても連結財務諸表に対する影響がたいしてない場合です。

■重要性の判定は総資産・売上高・当期純利益・利益剰余金で行う■

グループに占める子会社の重要性は,総資産・売上高・当期純利益・利益剰余金の4つの金額的指標で判定します。すべての指標において連結に対して占める割合が僅かであれば,連結の範囲に含めないことが容認されます。ただし,グループにとって戦略的に重要な子会社などは,金額的に重要性が乏しくても連結の範囲に含める必要があります。

■連結子会社と非連結子会社■

連結の範囲に含まれる子会社を連結子会社というのに対し,子会社であっても連結の範囲に含めない場合,その子会社を非連結子会社といいます。

連結の範囲に含まれる全会社(親会社とすべての連結子会社)を総称して連結会社といいます。

▌One more ▶

その他の非連結子会社となるケース

親会社の支配が一時的な子会社や連結の範囲に含めると著しいミスリードを生じさせる子会社については,連結の範囲に含めてはならないとされています。

1-10 連結決算日
決算日が異なる子会社の取扱い

> 連結決算日は親会社の決算日となります。子会社の決算日が連結決算日と異なる場合,決算日を変更して親会社の決算日に合わせるか,連結決算日に子会社で仮決算を行うといった調整が必要です。

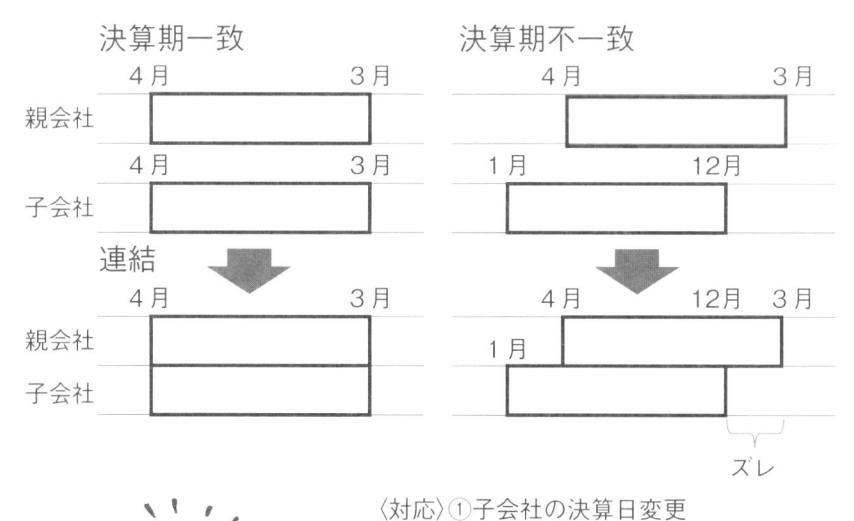

決算期一致
　4月　　　　3月
親会社
　4月　　　　3月
子会社

連結
　4月　　　　3月
親会社
子会社

決算期不一致
　4月　　　　　　　3月
親会社
　1月　　　　　12月
子会社

　4月　　　12月　3月
1月
親会社
子会社
　　　　　　　　ズレ

〈対応〉①子会社の決算日変更
　　　　　4月　　　12月　3月
親会社　1月
子会社　→　　　　　　→

〈対応〉②連結決算日に子会社で仮決算
　　　　　4月　　　12月　3月
親会社　1月
子会社
　　　　　　　　　　△
　　　　　　　　　　仮決算

■連結グループ構成各社の同期間の個別財務諸表を連結する■

　連結決算日とは連結財務諸表における決算日のことですが，親会社の決算日が連結決算日になります。連結財務諸表は複数の会社を合算して作成するため，グループ各社のどの期間の個別財務諸表を合算するのか考えなければなりません。

　親会社とすべての子会社が同一の決算日であれば，そのまま各社の同期間の個別財務諸表を連結すればいいので簡単です。

■決算日が親会社と異なる子会社があると単純にはいかない■

　決算日が親会社と異なる子会社がある場合，各社の個別財務諸表を単純に連結しても，期間がずれてしまいます。例えば，連結決算日が3月の場合，4月から翌年3月までの連結財務諸表を作成しますが，連結グループの中に12月決算の子会社がある場合，どうしたらよいでしょうか。

■子会社の決算日を変更するか仮決算を行うことで解決する■

　この問題を根本的に解決するには，子会社の決算日を変更し，連結決算日に合わせる方法があります。また，子会社の決算日を変更することが困難な場合，連結決算日に子会社で仮決算（正規の決算ではないがそれに準ずる決算）を行う方法もあります。

One more

　親会社と決算日の異なる子会社で連結決算日に仮決算を行う方法は，子会社で2回の決算作業が必要になり大変です。そこで，決算日のずれが3カ月以内であれば，連結会社間の取引の重要な不一致を整理したうえで，子会社の財務諸表をそのまま連結する方法も認められています。実際には，多くの会社でこの方法が採用されています。

COFFEE BREAK

連結外しってなに？

　ここ数年，粉飾決算に関する報道を多く目にするようになりました。粉飾決算の手法としては売上の架空計上，棚卸資産の水増しなどさまざまなものがありますが，「連結外し」というものもあります。「連結外し」について簡単な例で考えてみましょう。

　議決権を100%所有する子会社S社で多額の損失が発生した場合，親会社P社の連結業績にこの損失が反映されます。しかし，この損失を取り込みたくないと考えたP社は，緊密な関係のある複数の取引先にS社株式90%を分散して譲渡しました。実際は，業績の回復状況を見計らって買い戻す算段です。P社は株式所有割合が10%になったため，S社を連結の範囲から外しました。そうすると，P社連結グループの業績にS社の損失を取り込む必要はなくなります。しかし，このような状況で，S社がP社の支配から外れたといわれても，普通は納得しませんよね。

　P社はS社を実際は支配し続けているにもかかわらず，株式所有割合を操作することでS社を連結の範囲から外し，損失の取込みを回避したわけです。会計基準ではこのような恣意的な「連結外し」が行われないように，支配力基準による連結の範囲の判断を求めています。

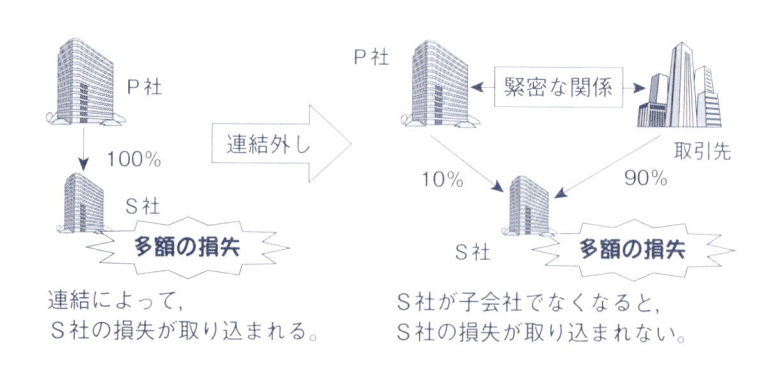

連結によって，
S社の損失が取り込まれる。

S社が子会社でなくなると，
S社の損失が取り込まれない。

第2章 投資と資本の相殺消去

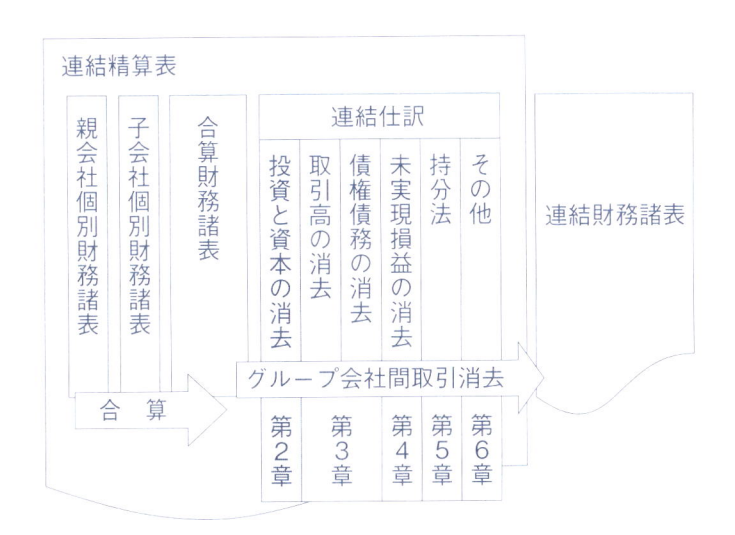

連結精算表

親会社個別財務諸表／子会社個別財務諸表 → 合算 → 合算財務諸表

連結仕訳：投資と資本の消去／取引高の消去／債権債務の消去／未実現損益の消去／持分法／その他

グループ会社間取引消去：第2章／第3章／第4章／第5章／第6章

→ 連結財務諸表

　この章では，連結仕訳の1つである投資と資本の相殺消去について見ていきます。

　連結グループとして1つの財務諸表にするために最初に行わなければならない，親会社の投資と子会社の資本との相殺消去です。

　なお，この章から仕訳が登場します。

　連結仕訳の理解を容易にするために，勘定科目のうしろに，(B/S) (P/L) (S) という記号を入れています。これはそれぞれ，(B/S)：貸借対照表科目，(P/L)：損益計算書科目，(S)：利益剰余金に係る科目を示しています。

2-1 投資と資本の相殺消去とは
親会社の投資（子会社株式）と子会社の資本を消去する

> 投資と資本の相殺消去とは，親会社から子会社への投資（子会社株式）と，それに対応する子会社の資本を相殺消去することです。この消去手続を資本連結手続ともいいます。

子会社の設立
●親会社・子会社それぞれの個別財務諸表

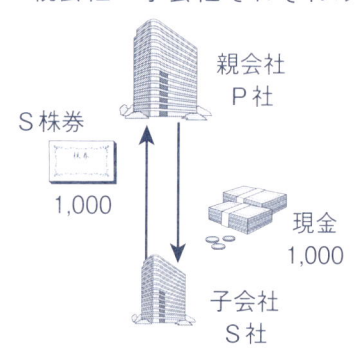

P社個別財務諸表仕訳
　子会社株式 1,000 ／ 現金 1,000

S社個別財務諸表仕訳
　現金 1,000 ／ 資本 1,000

合算
　子会社株式 1,000 ／ 資本 1,000

●連結グループの視点で見ると

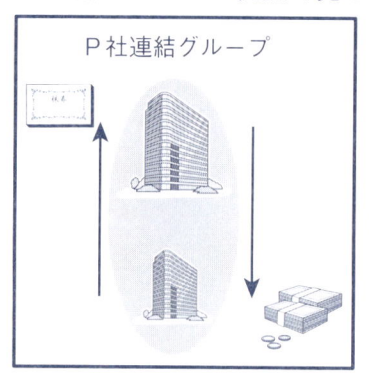

連結グループとしては，グループ内の資金の移動にすぎない
　→仕訳なし

連結仕訳
（なかったことにする仕訳）
　資本 1,000 ／ 子会社株式 1,000

■子会社を設立するときには,「子会社株式」と「資本金」が発生■

　子会社を設立するときには,親会社が子会社に対して出資を行い,子会社の株式を取得します。この取引は,親会社から見ると子会社への投資であり,親会社には「子会社株式」という資産が発生します。そして,子会社から見ると親会社からの投資資金が払い込まれることであり,子会社には「資本金」が発生します。

■「子会社株式」と「資本金」を消去する■

　連結グループを1つの大きな会社として見ると,これらは会社内部での取引にすぎません。したがって,連結財務諸表ではこの取引を認識するべきでなく,連結仕訳においてなかったことにする(相殺消去する)必要があります。この連結仕訳が投資と資本の相殺消去での基本仕訳になります。

(借方) 資 本 金 (B/S) 1,000万円　(貸方) 子会社株式(B/S) 1,000万円

▶ One more

　株式会社の資本金の額は,株主となる者が払込みをした金額となりますが,払込額の2分の1を超えない額は,資本金としてではなく,資本準備金として計上することができます。そのため,子会社が2分の1を資本準備金として計上するとしている場合,上記の消去仕訳の借方は,資本金500万円と資本準備金500万円となります。

2-2 資本連結の基本的なポイント
3つの基本的ポイントを押さえましょう

☞ 資本連結は、①子会社化するとき、②親会社以外の株主が存在するとき、③子会社化後に持分が変動するとき、の3つのポイントで理解してください。

子会社化するとき

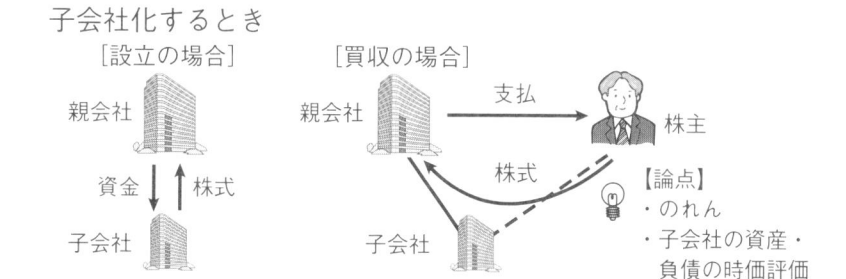

[設立の場合]
親会社 ⇅ 子会社（資金／株式）

[買収の場合]
親会社 →支払→ 株主
親会社 ←株式← 子会社

【論点】
・のれん
・子会社の資産・負債の時価評価

親会社以外の株主の存在

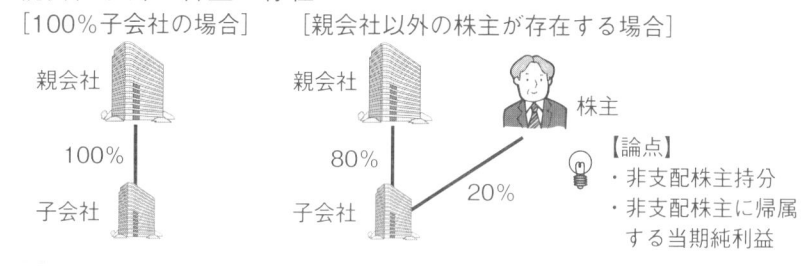

[100%子会社の場合]
親会社 100% 子会社

[親会社以外の株主が存在する場合]
親会社 80% 子会社 20% 株主

【論点】
・非支配株主持分
・非支配株主に帰属する当期純利益

子会社化後の持分変動

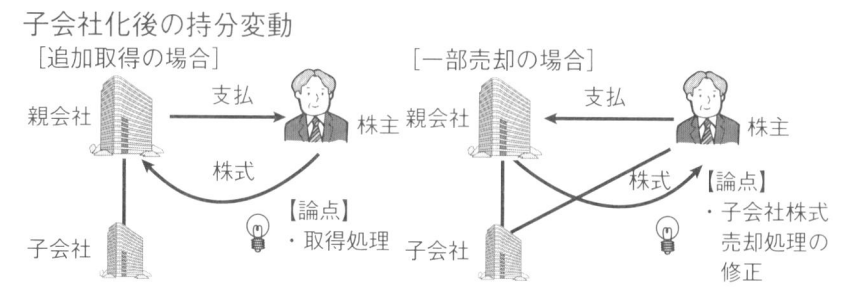

[追加取得の場合]
親会社 →支払→ 株主
親会社 ←株式← 子会社

【論点】
・取得処理

[一部売却の場合]
親会社 ←支払← 株主
親会社 →株式→ 子会社

【論点】
・子会社株式売却処理の修正

■資本取引の複雑さ■

 資本取引には，会社設立だけでなく，株式の購入や売却，増資の引受け，合併や株式交換といった組織再編などさまざまな取引があります。それにともない連結上の処理も複雑なものとなっています。ここからは，資本連結で必ず押さえるべき基本的な3つのポイントを説明します。

■子会社化するとき■

 子会社化する方法として，新規に会社設立する方法と，株式の購入によりグループ外部の会社を購入（買収）する方法があります。

 購入（買収）の場合は，のれんや子会社の資産・負債の時価評価といった論点が発生します。

■親会社以外の株主が存在するとき■

 親会社以外の株主が存在する場合，その株主を非支配株主といいます。利益や資本の非支配株主に対応する部分をどう処理するかといった論点が発生します。

■子会社化後に持分が変動するとき■

 子会社化後に，非支配株主から一部株式を取得したり，逆に一部を非支配株主に売却する場合があります。こうした非支配株主との取引をどう処理するかといった論点が発生します。

One more

 子会社化の方法として，設立や買収以外に組織再編による方法もあります。例えば，組織再編による子会社化の1つに，株式交換があります。ある会社を子会社（S社）としたいときに，その会社の株主から株式（S社株）を取得する代わりに，自社（親会社）の株式を交付する，つまり株式を交換する方法です。組織再編により子会社化する場合でも，基本的な考え方は買収の場合と同じです。

2-3 子会社設立と子会社買収
設立も買収も、株式の所有と資本の関係

☞ 子会社化の代表例として設立と買収がありますが、両者とも考え方は基本的に同じです。親会社の所有する子会社株式と、子会社の資本を相殺消去します。

設立の場合

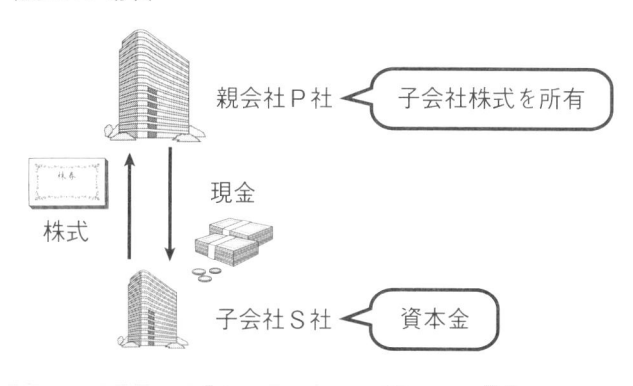

親会社P社 ← 子会社株式を所有
株式 ↑ ↓ 現金
子会社S社 ← 資本金

買収の場合

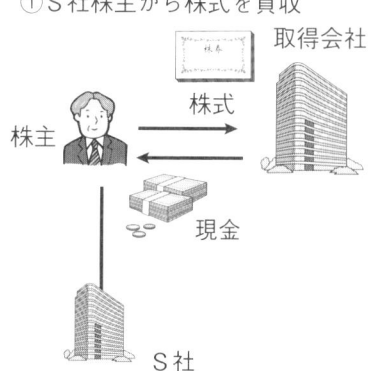

① S社株主から株式を買収

株主 → 株式 → 取得会社
    ← 現金 ←

② P社がS社を支配

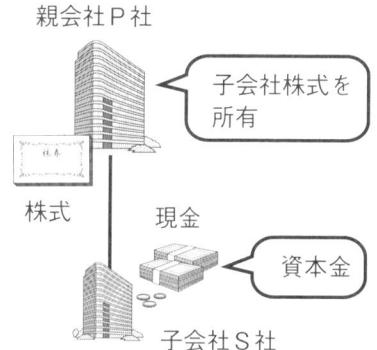

親会社P社 ← 子会社株式を所有
株式 ↑ ↓ 現金
子会社S社 ← 資本金

■子会社化の方法は設立と買収■

ある会社を子会社化する方法の代表例としては、子会社として新規に設立する方法と、連結グループの外にある既存の会社を買収する方法があります。ここでは買収の場合の資本連結について説明します。

■設立も買収も基本的な考え方は同じ■

買収の場合は、設立の場合と異なり親会社が直接子会社に出資するわけではありません。親会社は従来の株主に対価を支払って、その会社の株式を取得します。しかし、買収後の関係を見ると、親会社が子会社に投資を行い、子会社は親会社から資本が払い込まれている点で、設立と変わりません。資本連結の基本的な考え方は、設立でも買収でも同じです。

設立との違いは、親会社の「子会社株式」に対応するものが「資本金」や「資本準備金」といった払込資本だけではない点です。親会社は、その時点の子会社の資本（純資産）に対して対価を支払っているわけですから、消去対象には「利益剰余金」などが含まれた資本（純資産）額になります。

■買収と2つの論点■

買収の基本的な考え方は設立と同じであるものの、買収の場合に特有の論点が2つあります。それは「のれん」と「子会社の資産・負債の時価評価」です。この2つの論点について項目を改めて見ていきましょう。

> **One more**
>
> 買収の場合、取得時点の利益剰余金は取得した株式に対応する部分であるため、相殺消去されます。よって、子会社の利益剰余金で連結財務諸表に計上されることになるのは、連結グループに入った後に稼得した利益剰余金になります。

2-4 子会社買収とのれん
のれんが発生する場合とは？

☞ 会社を買収する場合に、買収対象となる会社の価格を超える対価を支払うと、のれんが発生します。

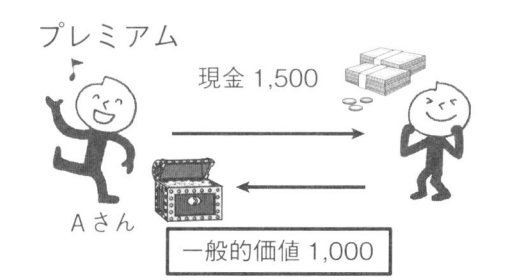

プレミアム

Aさん → 現金1,500 →
← 一般的価値 1,000

プレミアム500
Aさんにとっての価値は、一般的な価値よりも500高い

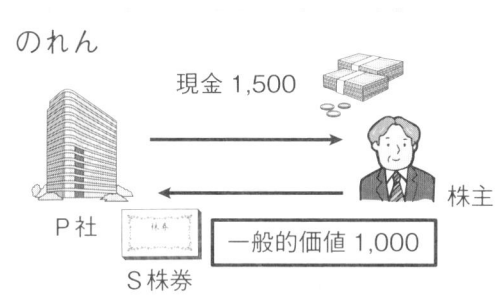

のれん

P社 → 現金1,500 → 株主
← 一般的価値 1,000
S株券

のれん500
P社にとってのS社の価値は、一般的な価値よりも500高い

S社の一般的価値

S社貸借対照表

資産	負債
4,000	3,000
	資本 1,000

S社の資産を処分すると4,000の収入が得られる

S社の負債を返済するには3,000の支出が必要

S社の株主の手元に残る価値は、資産・負債の差額1,000

つまり資本

■買収の場合とプレミアム（のれん）の発生■

　物を売買するとき，通常は一般的な価値で売買しますが，ときにプレミアムが発生することがあります。例えば，レア物がネットオークションで高値で出回っているケースを想像してみてください。このようなプレミアムが発生するのは，一般的な価値より高い対価を支払ってもそれが欲しいという買手がいるためです。

　物ではなく，会社を買収する場合も同じことが起こります。そもそも会社を買収するにはかなりの資金や労力を要しますので，それでも買収しようとするのは，買収対象となる会社にそれだけの高い魅力を感じているからです。会社を買収する場合に発生するプレミアムのことを，会計では「のれん」と呼びます。

■買収対象となる会社の資本を超える対価を支払うと，のれんが発生■

　会社を売買する場合，一般的な価値にあたるものは何でしょうか。資産から負債を控除した正味の財産である資本（純資産）は，株主の出資額と獲得した利益の蓄積です。そのため，資本の額で売買すれば売手も買手も損得ないことになります。図でいえば1,000がS社の一般的な価値といえます。

　したがって，買収する会社（親会社）が，買収対象となる会社の資本（純資産）の額を超える対価を従来の株主に支払うと，のれんが発生します。図では1,000の資本の会社を，1,500で購入していますので，500のプレミアム＝のれんが発生しています。

▎**One more**

　のれんを定義するのは大変難しいのですが，一般的には企業の超過収益力を表わすという見方があります。通常の会社を上回わる収益を稼得する能力のことを超過収益力といいます。

2-5 のれんの計上と償却
のれんは無形固定資産に計上

☞ のれんが発生した場合には，会計上は無形固定資産に計上します。計上後は一定期間にわたり，規則的に償却します。

のれんなし

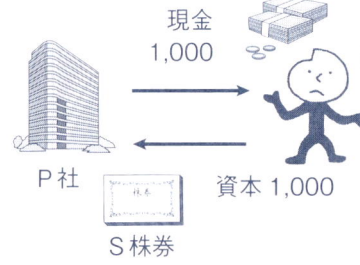

現金 1,000
旧株主
P社
S株券
資本 1,000

現金　　1,000　→子会社株式1,000
S株価値1,000　→資本　　　1,000

連結仕訳
資本1,000　／　子会社株式1,000

のれんあり

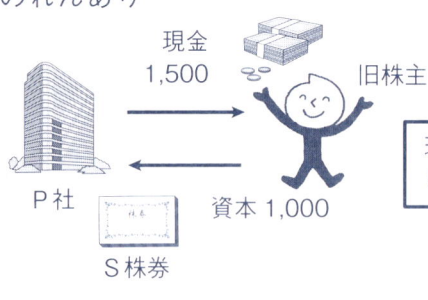

現金 1,500
旧株主
P社
S株券
資本 1,000

現金　　1,500　→子会社株式1,500
S株価値1,000　→資本　　　1,000

連結仕訳
資本　1,000　／　子会社株式1,500
のれん　500　／

■のれんがある場合には貸借が不一致■

　買収のケースの資本連結とは，親会社の「子会社株式」と子会社の買収時の「資本（純資産）」を消去する連結仕訳です。資本（純資産）1,000万円の会社（S社）を，従来の株主より1,500万円で取得した場合の連結仕訳はどうなるでしょうか。

　両者を消去しようとすると，貸借が一致せず借方で500万円余ります。

■のれんは会計上資産に計上する■

　この500万円は，P社がS社の高い収益力など資本（純資産）より高い価値を見込んで従来の株主に支払ったのれん（プレミアム）です。

　この「のれん」は，無形固定資産に計上します。

（借方）　資本(純資産)(B/S)	1,000万円	（貸方）　子会社株式(B/S)	1,500万円
の　れ　ん　(B/S)	500万円		

■のれんは規則的に償却する■

　ネットオークションのレア物と違い，のれんの価値は通常，時間の経過に合わせて徐々に減少していくものと考えられます。のれん（超過収益力）は，ライバル会社との競争により，その価値は減少すると考えられるためです。そのため，会計ではその効果が発現される期間（20年以内）を見積り，その期間にわたり規則的に償却します。のれん償却額は販売費及び一般管理費に計上します。また，突発的にのれんの価値が減少した場合は，減損の要否も検討しなければなりません。

> **One more**
>
> 　買収の際，資本（純資産）よりも安く会社を購入することもあります。この場合，その差額はマイナスとなり，負ののれんが発生します。この負ののれんは，その発生した事業年度に特別利益として処理します。

2-6 買収と資産・負債の時価評価
子会社の資本を時価に修正

> 子会社の資産・負債の簿価が時価と異なる場合，時価に修正します。修正の差額は評価差額として子会社の資本に調整されます。評価差額の計上後に，子会社株式と資本の消去，のれんの計上が行われます。

P社が子会社S社の持分100%を旧株主より1,500で取得した場合
　S社の資本（純資産）は，1,000
　S社の土地には400の含み益が存在する

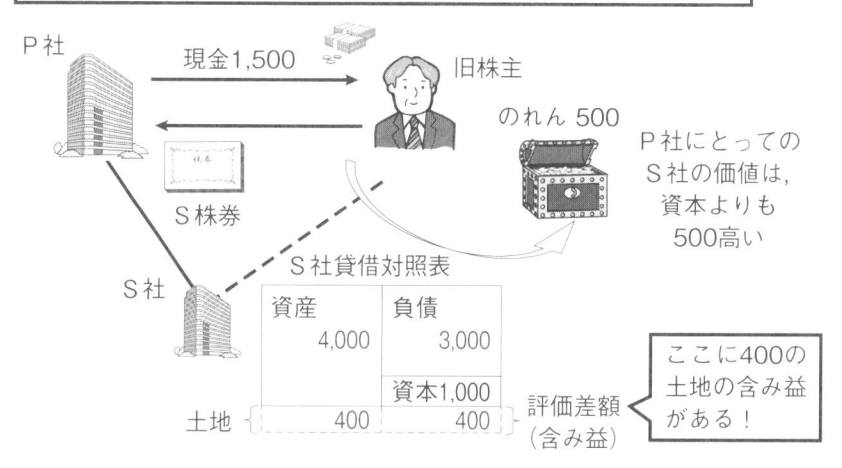

P社 → 現金1,500 → 旧株主
旧株主 → S株券 → P社

のれん 500
P社にとってのS社の価値は，資本よりも500高い

S社貸借対照表

資産	負債
4,000	3,000
	資本1,000
土地　　400	400　評価差額（含み益）

ここに400の土地の含み益がある！

連結仕訳
①土地の含み益を認識
土地　　　400　／評価差額　　400

②子会社株式と資本の相殺消去
資本　　　1,000　／子会社株式1,500
評価差額　400
のれん　　100

500のプレミアのうち，400は含み益のある土地の対価として支払っている

■資本（純資産）は必ずしも市場価格（時価）を反映しない■

のれんの説明で、会社の「価値」にあたるものは資本（純資産）であると述べました。しかし、子会社の個別財務諸表上の資本（純資産）は、必ずしも市場価格（時価）を反映していません。個別財務諸表には、棚卸資産や有形固定資産など、時価で評価されていない資産・負債があるからです。

子会社の資本（純資産）を買収時点の市場価格（時価）に合わせるためには、子会社の資産・負債をその時点の時価で評価する必要があります。

■資産・負債を時価に置き換えるときは「評価差額」を使う■

S社の資産の簿価は4,000万円ですが、土地の時価が簿価を400万円上回り、実際には4,400万円の時価があるとみられています。P社がS社の資本（純資産）以上に払った500万円には、土地の含み益400万円が含まれていますので、本来の意味でののれんは100万円となります。

そこで、連結仕訳においては、土地を400万円増加させると同時に、S社の剰余金において「評価差額」という科目400万円を計上します。そしてこの剰余金に計上された評価差額は、親会社の子会社株式1,500万円に含まれているので、資本連結仕訳により相殺します。

（借方）土　　地（B/S）	400万円	（貸方）評価差額（B/S）	400万円
（借方）資　　本（B/S）	1,000万円	（貸方）子会社株式（B/S）	1,500万円
評価差額（B/S）	400万円		
の れ ん（B/S）	100万円		

これにより、P社がS社の資本（純資産）以上に払った500万円（1,500万円－1,000万円）は、連結財務諸表において土地として400万円、のれんとして100万円として計上されることになりました。

2-7 100%子会社ではない場合

非支配株主の持分は，親会社の資本や利益と区別

☞ 子会社に親会社以外の株主が存在する場合，子会社の資本に対する非支配株主持分と，子会社の利益に対する非支配株主に帰属する当期純利益が発生します。

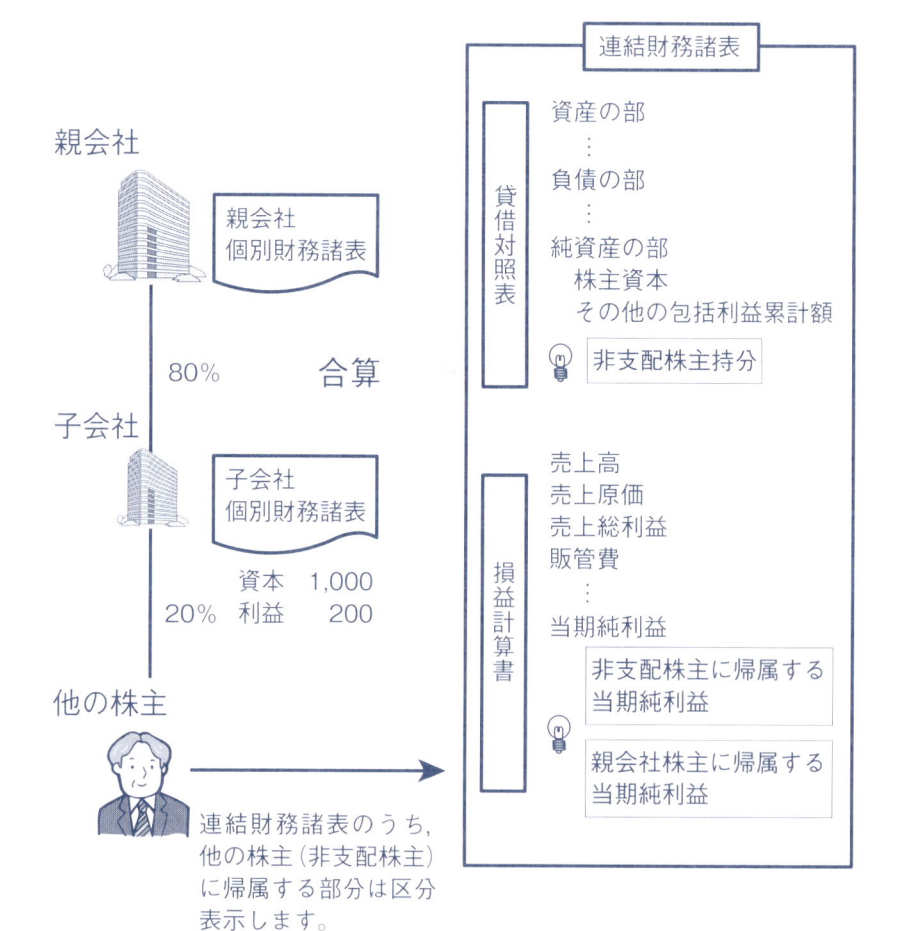

親会社

親会社
個別財務諸表

80%　　合算

子会社

子会社
個別財務諸表

資本　1,000
20%　利益　　200

他の株主

連結財務諸表のうち，他の株主（非支配株主）に帰属する部分は区分表示します。

連結財務諸表

貸借対照表
- 資産の部
  ：
- 負債の部
  ：
- 純資産の部
  - 株主資本
  - その他の包括利益累計額
  - 💡 非支配株主持分

損益計算書
- 売上高
- 売上原価
- 売上総利益
- 販管費
  ：
- 当期純利益
  - 非支配株主に帰属する当期純利益
  - 💡 親会社株主に帰属する当期純利益

■100%子会社でない場合■

ここまでは、親会社が子会社に対して100%出資している場合を前提としていました。このような子会社を「100%子会社」と呼ぶことにします。ここからは、子会社が100%子会社ではない場合に、資本連結がこれまでとどう違うのか、というお話です。

■非支配株主の持分は、親会社の資本・利益と区別■

100%子会社でない子会社には、親会社以外の株主が存在します。株主はそれぞれの持分に応じて子会社の資本や利益に対して権利を有します。図の例では、S社資本1,000万円の20%（200万円）、S社利益200万円の20%（40万円）は、親会社P社に属するものではなく、その他の株主に属するものとなります。ここでいうその他の株主が「非支配株主」です。

子会社の資本のうち、非支配株主に帰属する部分を「非支配株主持分」、子会社の当期純利益のうち、非支配株主に帰属する部分を文字どおり「非支配株主に帰属する当期純利益」といいます。非支配株主持分や非支配株主に帰属する当期純利益は親会社の持分ではないため、連結財務諸表では区別する必要があります。

■100%子会社でない場合も、設立と買収に分けて検討■

子会社化するにあたって、設立も買収も持分が100%でない場合があります。それぞれの資本連結について、それぞれ項目を改めて見ていきましょう。

2-8 子会社設立と非支配株主
子会社資本の非支配株主持分への振替えが発生

☞ 100%子会社ではない子会社を設立した場合，親会社の持つ子会社株式とそれに対応する子会社の資本を消去するとともに，非支配株主に対応する子会社の資本は「非支配株主持分」へ振り替えます。

親会社P社が800，非支配株主が200を出資し，子会社S社（資本1,000）を設立した場合

親会社P社
株券800

非支配株主
株券200

P社持分 80%
非支配株主持分 20%

子会社 S社 資本1,000
現金
親会社分………800
非支配株主分…200

P社の出資分
| 資本 | 800 | 子会社株式 | 800 |

非支配株主の出資分
| 資本 | 200 | 非支配株主持分 | 200 |

連結仕訳（全体）
| 資本 | 1,000 | 子会社株式 | 800 |
| | | 非支配株主持分 | 200 |

■親会社持分と非支配株主持分に分けて考える■

　100%子会社ではない子会社を設立する場合，親会社と非支配株主が設立に参加します。この場合の資本連結は，親会社の出資部分と非支配株主の出資部分に分けて考えます。

■親会社の出資部分は連結上消去■

　子会社Ｓ社の設立にあたり，親会社Ｐ社が800万円，非支配株主が200万円出資した場合を考えます。この場合，Ｓ社はＰ社にとって持分比率80%の子会社です。このＰ社の出資部分800万円については連結仕訳で消去します。

■非支配株主の出資部分は非支配株主持分へ振替え■

　非支配株主が出資した200万円については，連結グループ外部からの払込みであるため，連結上消去する必要はありません。ただし，非支配株主という外部株主の持分であるため，親会社Ｐ社の持分とは区別する必要があります。そこで，この200万円は資本から非支配株主持分へ振り替えます。

（借方）資　本（B/S）1,000万円	（貸方）子会社株式(B/S)	800万円
	非支配株主持分(B/S)	200万円

> **One more**
>
> 　非支配株主持分は親会社の持分ではないため，連結上の親会社持分（株主資本）とは区別し，連結貸借対照表において純資産の部に株主資本以外の項目として独立して表示されます。

2-9 子会社買収と非支配株主
ここでも子会社資本の非支配株主持分への振替えが発生

> 買収後の子会社の持分が100%とならない場合は,持分が100%となる場合の連結仕訳に加え,非支配株主に対応する子会社資本を「非支配株主持分」へ振り替える処理が必要です。

P社がS社(資本1,000)の株主から持分80%を960で買収し,子会社とした場合

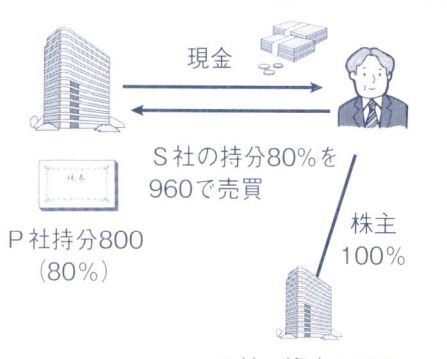

現金
S社の持分80%を960で売買
P社持分800 (80%)
株主100%
S社 資本1,000

親会社P社
非支配株主
80%
20%
子会社S社 資本1,000

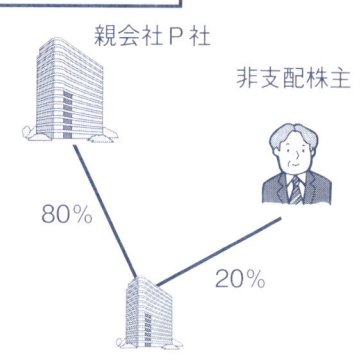

P社:買取取引
相殺消去とのれん計上

連結仕訳	
資本 800	子会社株式 960
のれん 160	

非支配株主:資本からの振替え
200(1,000×20%)

連結仕訳	
資本 200	非支配株主持分 200

連結仕訳(全体)	
資本 1,000	子会社株式 960
のれん 160	非支配株主持分 200

■買収の場合も、親会社持分と非支配株主持分に分けて考える■

　買収した子会社の持分が100％にならない部分的な取得である場合、やはり非支配株主が子会社の株主として残ります。この場合の資本連結も、親会社の出資部分と非支配株主の出資部分に分けて考えます。

■親会社の出資部分と資本は連結上消去■

　P社がS社を買収するにあって、持分80％分の取得に対し960万円支払うケースを考えます。時価評価後の子会社S社資本（純資産）は1,000万円ですので、親会社P社の投資に対応する資本（純資産）は800万円（1,000万円×80％）となります。両者は連結仕訳で消去し、借方に生じた差額の160万円をのれんとします。

■非支配株主の出資部分は非支配株主持分へ振替え■

　S社資本のうち、200万円（1,000万円×20％）については、非支配株主の持分となる部分です。したがって、設立の場合と同様に、この200万円を連結上資本から非支配株主持分へ振り替えます。

（借方）	資　本（B/S）	1,000万円	（貸方）	子会社株式（B/S）	960万円
	のれん（B/S）	160万円		非支配株主持分(B/S)	200万円

> **Keyword**
>
> 支配獲得日
> 　親会社が子会社の支配を獲得した日を支配獲得日といいます。支配獲得日が子会社の決算日以外の日である場合には、支配獲得日の前後どちらかの決算日に行われたものとみなして処理することができます。

2-10 非支配株主と損益
非支配株主持分への振替えが必要

☞ 非支配株主が存在する子会社で発生した損益は、非支配株主の持分割合だけ非支配株主持分に振り替えます。

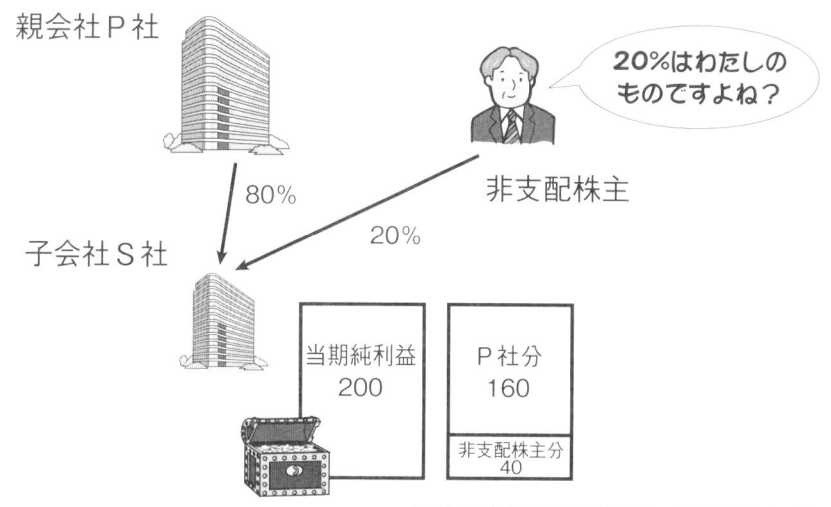

親会社P社

「20%はわたしのものですよね？」

非支配株主

80%
20%

子会社S社

当期純利益 200

P社分 160
非支配株主分 40

40は非支配株主が獲得した利益として、連結の利益から控除して表示

連結損益計算書（P社利益を0とした場合）

売上高	××
⋮	
当期純利益	200
非支配株主に帰属する当期純利益	40
親会社株主に帰属する当期純利益	160

■子会社の損益のうち，非支配株主の持分割合を按分■

　100％子会社でない子会社の場合，子会社の当期純損益のうち，非支配株主に帰属する部分については，持分割合に基づいて，連結損益計算書の親会社株主に帰属する当期純損益から除く必要があります。

　連結は個別財務諸表を合算することから始まりますが，これにより連結子会社の利益はすべて連結上の当期純利益として表示されます。そのため，さらに次の仕訳により，非支配株主に帰属する部分を「非支配株主持分に帰属する当期純利益」に振り替え，当期純利益を非支配株主に帰属する部分と，親会社株主に帰属する部分に分ける必要があります。

（借方）	非支配株主に帰属する当期純利益(P/L)	40万円	（貸方）	非支配株主持分(B/S)	40万円

　反対に子会社が損失を計上した場合には，貸借が逆転し，「非支配株主に帰属する当期純損失」となります。

（借方）	非支配株主持分(B/S)	40万円	（貸方）	非支配株主に帰属する当期純損失(P/L)	40万円

2-11 非支配株主と損失負担
子会社資本がマイナスの場合は、すべて親会社負担

> 非支配株主が存在する子会社で損失が生じた場合、一般的に非支配株主が負担する損失は出資限度に限られます。このため、非支配株主の負担限度を超える子会社の損失は、親会社が負担することになります。

純資産

親会社持分 　非支配株主持分

プラスの純資産は持分で按分

債務超過

投資額はゼロ。紙くずだ。

親会社負担

ゼロなんてもんじゃない。債務超過はすべて負担だ。

非支配株主

マイナスの純資産
＝債務超過は親会社が全額負担

■非支配株主は子会社の損失を出資限度までしか負担しない■

　子会社が損失を計上した場合，損失をその持分割合に応じて親会社と非支配株主が負担します。しかし，子会社で損失を計上した結果，子会社の資本がマイナス（債務超過）になった場合はどうでしょうか。株式会社においては，株主は出資分までしか責任を負わないのが原則（株主有限責任）ですので，非支配株主は出資限度までしか損失を負担しません。つまり，非支配株主は持分がゼロになるまでは損失を負担するものの，それ以上は負担しません。

■一般的に，親会社は株主有限責任の恩恵を受けない■

　株主有限責任の原則により，非支配株主が出資限度までしか損失を負担しないのであれば，親会社も同じといえそうです。しかし，親会社は，社会的信用や親会社経営責任といった観点から，出資額に限定されることなく，子会社の損失については全額負担すると考えられています。

■子会社の損失は持分割合に応じた負担にならない■

　つまり子会社の資本が債務超過となった場合，非支配株主は持分がゼロになるまでの損失を負担し，それを超える損失については親会社が全額負担する処理を行います。

　例えば，親会社の出資額が800万円（持分80％），非支配株主の出資額が200万円（持分20％）の子会社が1,400万円の損失を計上し債務超過となった場合，非支配株主には出資限度までしか損失を負担させませんので，親会社負担は1,200万円，非支配株主負担は200万円となります。

　その結果，持分割合は親会社80％と非支配株主20％ですが，損失負担割合は親会社86％（1,200万円÷1,400万円），非支配株主14％（200万円÷1,400万円）となっています。

One more

非支配株主持分は資本か？

　非支配株主持分は，連結財務諸表において純資産に表示されますが，株主資本としてではなく，その他の純資産に含まれます。しかし，実は非支配株主持分を株主資本とする考え方もあります。

　連結財務諸表は親会社を中心としたグループ全体を表す財務諸表ですが，ここでの親会社株主の位置づけをどのように捉えるかで非支配株主持分の位置づけは変わってきます。

■親会社説■

　グループは親会社株主が支配していることから，連結財務諸表は親会社株主のためのものであると捉えれば，親会社株主に帰属する持分のみが資本を構成すると考えられます。この考え方によれば，非支配株主持分は親会社株主に帰属する持分ではないため，連結財務諸表の資本を構成しません。この考え方を親会社説と呼びます。

■経済的単一体説■

　一方，連結財務諸表はグループを構成するすべての株主のためのものであると捉えれば，すべての株主の持分は資本を構成すると考えられます。この考え方によれば，非支配株主持分もグループ内にある子会社の株主に帰属する持分として，連結財務諸表の資本を構成します。この考え方を経済的単一体説と呼びます。

　このように大きく2つの考え方がありますが，わが国では前者の考え方が重視されており，非支配株主持分は連結財務諸表の株主資本を構成しません。現在は，株主資本以外の純資産として扱われています。

親会社説（日本）

親会社株主

連結グループ
- 親会社
- 子会社
  - 親会社持分 … 資本
  - 非支配株主持分 … 資本ではない

外部株主

経済的単一体説

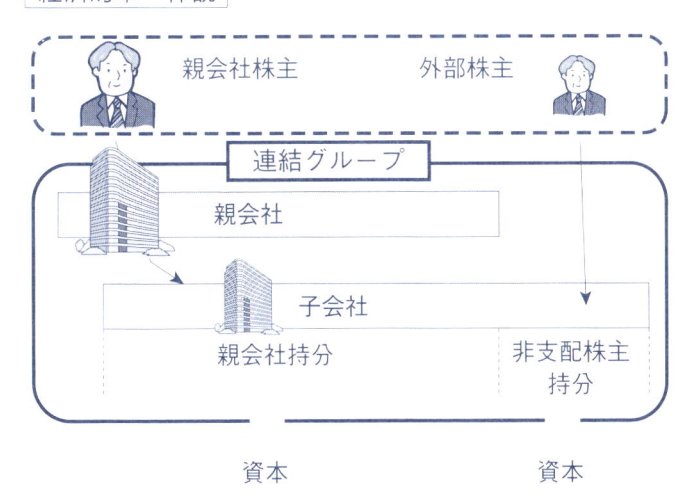

親会社株主　外部株主

連結グループ
- 親会社
- 子会社
  - 親会社持分 … 資本
  - 非支配株主持分 … 資本

　一方，国際的な会計基準では経済的単一体説に準拠した表示方法が採用されています。わが国の会計基準と国際会計基準との間にはいくつか相違がありますが，比較可能性を高める方向で改正がなされています。

2-12 子会社株式の追加取得
非支配株主持分が減少し，親会社の持分に振替え

平成25年改正！

☞ 子会社化した後に，子会社株式を非支配株主から取得した場合には，追加取得前の非支配株主持分のうち，追加取得対応分を親会社持分に振り替えた上で，投資と資本の相殺消去を行います。

親会社P社が子会社S社の持分15%を200で追加取得した場合
- P社持分　　　　80%→95%
- 非支配株主持分　20%→ 5%

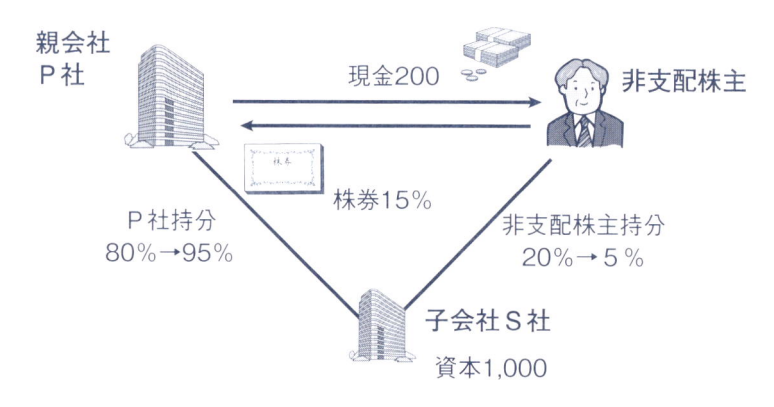

親会社P社 ── 現金200 → 非支配株主
　　　　　　← 株券15%

P社持分 80%→95%　　　非支配株主持分 20%→5%

子会社S社
資本1,000

P社の15%買取取引部分
相殺消去・資本剰余金計上

資本　　　　150	子会社株式 200
資本剰余金　50	

非支配株主持分から資本への振替え

非支配株主持分 150	資本　　150

💡 **連結仕訳（全体）**

非支配株主持分 150	子会社株式　200
資本剰余金　　　50	

■ここからは子会社化後の持分変動■

ここまでは、子会社化する時点の持分取得に関して資本連結を見てきました。ここからは子会社化した後に持分変動があった場合の資本連結を見ていきます。

子会社化後の持分変動のうち、まず増加、つまり子会社化後に子会社株式を非支配株主から追加取得した場合の資本連結を説明します。

■非支配株主から親会社への持分の移動が発生■

親会社P社は子会社S社株式の15%分を非支配株主から200万円で取得しました。S社の資本は1,000万円のため、P社が追加投資で取得する持分は1,000万円×15%＝150万円となります。150万円の持分に対し、200万円を支払っているので、50万円の差額が発生します。

親会社と子会社に支配関係が継続している場合、この非支配株主との取引によって生じた差額は、資本剰余金として計上します。

連結仕訳では、P社の追加投資で取得した子会社株式200万円を消去するとともに、非支配株主持分150万円を減少させます。両者の差額50万円は資本剰余金として計上します。

（借方）非支配株主持分(B/S) 150万円	（貸方）子会社株式(B/S) 200万円
資本剰余金(B/S) 50万円	

2-13 子会社株式の一部売却①
資本の非支配株主への振替え

平成25年改正！

☞ 子会社株式の一部を売却した場合、親会社の持分が非支配株主持分に振り替わります。

親会社P社が子会社S社（資本1,000）の持分20%を非支配株主へ400で売却した場合
- P社持分　　　　100%→80%
- 非支配株主持分　0%→20%

親会社P社 — 現金400 ← 非支配株主
　　　　　→ 株券20%

200の株式が400で売れたぞ

非支配株主持分　0%→20%

P社持分　100%→80%

子会社S社　資本1,000

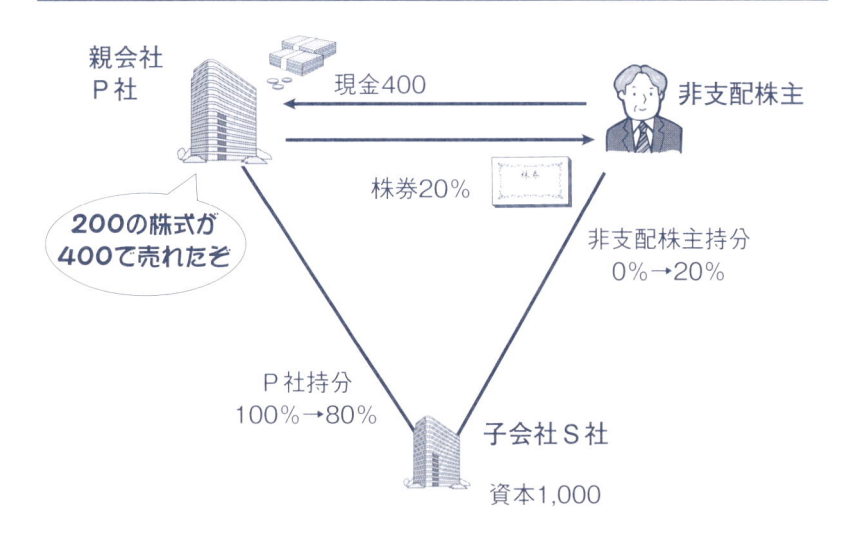

100%所有時の資本連結仕訳	資本　1,000 ／ 子会社株式 1,000
20%売却による非支配株主への振替仕訳	子会社株式 200 ／ 非支配株主持分 200
売却益を資本剰余金へ振り替える仕訳	株式売却益 200 ／ 資本剰余金 200

■100%子会社の資本連結仕訳■

P社が1,000万円で設立した100%子会社S社があります。連結仕訳は次のとおりですね。

(借方) 資　本（B/S）　1,000万円　　(貸方) 子会社株式(B/S)　1,000万円

■20%売却による資本連結仕訳■

翌年度，20%分を非支配株主に400万円で売却しました。この子会社，実は全く利益を獲得しておらず，資本（純資産）は1,000万円のままです。

P社の個別財務諸表はこの売却により，子会社株式売却益200万円（400万円－1,000万円×20%）が計上され，S社株式の帳簿価額は800万円となっています。

連結財務諸表では，親会社と子会社に支配関係が継続している場合，非支配株主との取引によって生じた差額は，資本剰余金として計上します。このため，P社の個別財務諸表で計上された子会社株式売却益200万円は，連結財務諸表では資本剰余金として計上される必要があります。

連結仕訳では，まず売却持分を非支配株主持分に振り替えます。

(借方) 子会社株式(B/S)　200万円　　(貸方) 非支配株主持分(B/S)　200万円

次に，個別財務諸表において計上されている株式売却益200万円を資本剰余金に振り替えます。

(借)株式売却益(P/L)　200万円　　(貸)資本剰余金(B/S)　200万円

2-14 子会社株式の一部売却②
「売却損益」でなく「資本剰余金」

平成25年改正！

☞ 連結子会社であり続ける場合の子会社株式の一部売却により生じた親会社の持分の減少額と売却価額との差額は，売却損益でなく，資本剰余金として処理します。

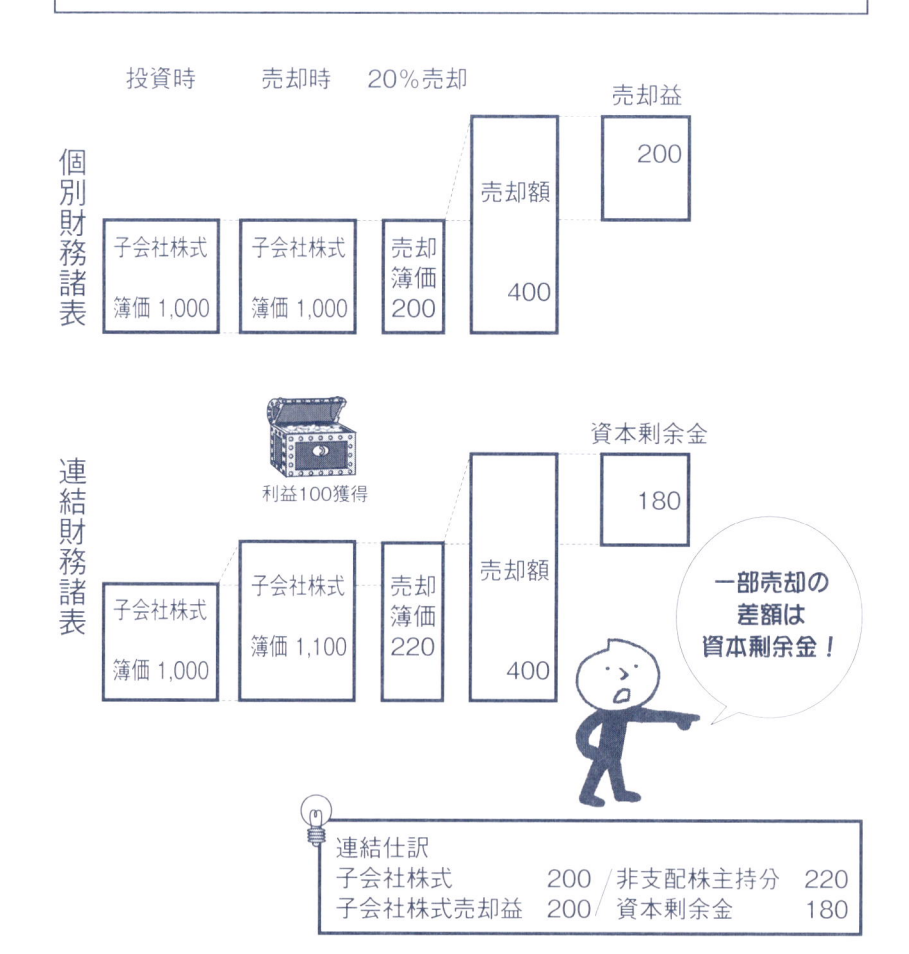

個別財務諸表

投資時：子会社株式 簿価 1,000
売却時：子会社株式 簿価 1,000
20％売却：売却簿価 200
売却額 400
売却益 200

連結財務諸表

利益100獲得

子会社株式 簿価 1,000
子会社株式 簿価 1,100
売却簿価 220
売却額 400
資本剰余金 180

一部売却の差額は資本剰余金！

💡 連結仕訳
子会社株式　　　　　200 ／ 非支配株主持分　220
子会社株式売却益　　200 ／ 資本剰余金　　　180

■連結財務諸表上の子会社の価値■

　子会社の価値を個別財務諸表と連結財務諸表で考えてみたいと思います。今度は，親会社P社の個別財務諸表において1,000万円で計上されている100％子会社S社が100万円の利益を計上したとしましょう。

　親会社P社の個別財務諸表では，子会社株式は取得原価で評価するルールですから，S社株式は取得価額の1,000万円で計上されています。

　一方，連結財務諸表上の価値はどうなるでしょうか？　取得価額の1,000万円だけでなく，獲得した100万円の利益が財務諸表の合算により利益剰余金として取り込まれています。このため，合計の1,100万円が連結財務諸表上の子会社の価値となっています。

■売却益を資本剰余金に振替え■

　このようなS社の20％の持分を400万円で非支配株主に売却しました。非支配株主に売却した持分は220万円（1,100万円×20％）です。

　P社の個別財務諸表では200万円（売却額400万円－簿価200万円）が売却益として計上されています。

　連結財務諸表では，親会社と子会社の支配関係が継続している場合，非支配株主との取引によって生じた差額は，資本剰余金として計上します。このため，個別財務諸表で計上されている売却益200万円は消去し，親会社持分の減少額220万円と売却価額400万円との差額180万円を資本剰余金に計上します。

■20％売却による資本連結仕訳■

（借方）	子会社株式(B/S)	200万円	（貸方）	非支配株主持分(B/S)	220万円
	子会社株式売却益(P/L)	200万円		資本剰余金(B/S)	180万円

One more

平成25年改正前と改正後の資本連結

　資本連結において，平成25年改正基準の前と後でなにが変わったでしょうか？

　改正前において，子会社株式の追加取得が行われた場合，追加取得金額と追加取得持分との差額は，子会社買収の場合と同様に超過収益力を表す「のれん」として計上することとされていました。また，子会社株式の一部売却が行われた場合，これにより発生する売却金額と売却持分との差額は，連結財務諸表においても子会社売却損益とされていました。

　平成25年改正基準では，この差額を資本剰余金として処理し，資本の部に計上することと改正されましたが，何故でしょうか？

　わが国の基準では，親会社株主の視点が重視されているものの，従来の方法では，このような非支配株主との取得や売却が繰り返されると，のれんの計上，また売却損益の計上が繰り返されることにより，損益への影響が大きなものとなります。親子会社の支配関係が継続している中で，意図的に持分の変動を行うことにより，連結損益を調整することができるかもしれません。これでは，財務諸表の利用者が的確な判断を行うことが困難になります。

　また，国際的な会計基準では，支配力を維持した状態での非支配株主との取引は，資本取引とされています。国際的な会計基準と同様の会計処理を行うことにより，比較可能性が向上するメリットもあります。

　これらの意見を検討した結果，非支配株主との取引によって生じた親会社の持分変動による差額は，純資産の項目である資本剰余金とすることになりました。

子会社株式の追加取得

平成25年改正前
連結仕訳

| (借方) 少数株主持分 (B/S) | 150 | (貸方) 子会社株式 (B/S) | 200 |
| のれん (B/S) | 50 | | |

平成25年改正後
連結仕訳

| (借方) 非支配株主持分 (B/S) | 150 | (貸方) 子会社株式 (B/S) | 200 |
| 資本剰余金 (B/S) | 50 | | |

子会社株式の一部売却

平成25年改正前
連結仕訳

| (借方) 子会社株式 (B/S) | 200 | (貸方) 少数株主持分 (B/S) | 220 |
| 子会社株式売却益 (P/L) | 20 | | |

平成25年改正後
連結仕訳

| (借方) 子会社株式 (B/S) | 200 | (貸方) 非支配株主持分 (B/S) | 220 |
| 子会社株式売却益 (P/L) | 200 | 資本剰余金 (B/S) | 180 |

> いままでは損益に影響したのが，改正後は資本剰余金で調整されるんだな。

　なお，平成25年改正基準は，平成27年4月1日以降開始する連結会計年度の期首から適用となっていますが，この変更に関しては，平成26年4月1日以降開始する連結会計年度の期首から，早期適用することも認められています。

2-15 子会社からの配当の消去

親会社の「受取配当金」と子会社の「支払配当金」を相殺消去

☞ 子会社が親会社に配当金を支払った場合、親会社で受け取った受取配当金と、子会社で支払った支払配当金を相殺消去します。

親会社・子会社それぞれの個別財務諸表

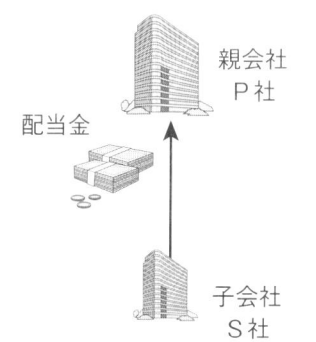

親会社 P社
配当金
子会社 S社

P社個別財務諸表仕訳
　現金預金 100 / 受取配当金 100

S社個別財務諸表仕訳
　支払配当金 100 / 現金預金 100

合算
　支払配当金 100 / 受取配当金 100

連結グループの視点で見ると

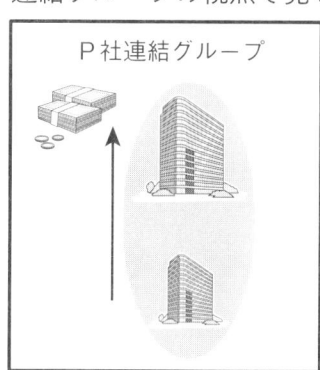

P社連結グループ

連結グループとしては、グループ内の資金の移動にすぎない
→仕訳なし

連結仕訳
（なかったことにする仕訳）
　受取配当金 100 / 支払配当金 100

■子会社が配当を行うと親会社が配当を受け取る■

親会社が子会社の株式を取得しているため,子会社からの配当は親会社が受け取ることになります。子会社が配当を行うと,親会社では「受取配当金」という収益が発生し,子会社では剰余金の配当として「支払配当金」が発生します。

■「受取配当金」と「支払配当金」を消去■

ところが,連結グループ自体を1つの単位として見ると,これらは連結内部での取引にすぎません。したがって,連結財務諸表ではこれらの取引を認識すべきでなく,連結仕訳においてなかったことにする(相殺消去する)必要があります。

(借方) 受取配当金(P/L)	100万円	(貸方) 支払配当金(S)	100万円

> **One more**
>
> 非支配株主が存在する場合,配当の消去仕訳はどうなるでしょうか。非支配株主への配当についてはグループ外部への払出しであり,連結上消去する必要はありません。ただし,配当により非支配株主へ利益が還元された結果,その分だけ非支配株主持分が減少します。そこで,連結上,非支配株主持分の減少を認識すべく,支払配当金を非支配株主持分の減少に振り替える処理が行われます。
>
> | | | | | |
> |---|---|---|---|---|
> | (借方) 非支配株主持分(B/S) | ×× | (貸方) 支払配当金(S) | ×× |

One more

子会社株式を減損した場合の連結上の処理

　親会社が保有する子会社株式について，その子会社が多額の損失を計上したために純資産が少なくなった場合，投資価値の減少を個別財務諸表に反映させるべく減損処理（子会社株式評価損の計上）を行うことがあります。子会社株式を減損処理した場合，連結ではどのような影響があるか考えてみましょう。

　親会社P社が1,000万円（持分100％）を出資して設立した子会社S社が，その翌年度に事業に失敗し600万円の当期純損失を計上しました。その結果，S社の純資産は400万円と大幅に減少したため，P社は個別財務諸表において子会社株式1,000万円のうち600万円を減損処理しました。こうした状況で，連結財務諸表を作成するにはどのような連結仕訳が必要でしょうか。

　損益計算書の単純合算の段階では，P社で計上した子会社株式評価損600万円とS社の当期純損失600万円が合算される結果，合計で1,200万円の損失が計上されることになります。しかし，P社で計上した損失600万円もS社で計上されている損失600万円も，もともとはS社で計上した当期純損失600万円が原因です。単純合算だけでは，損失を二重に計上することになってしまいます。

　そこで，P社で計上した子会社株式評価損600万円は，個別財務諸表で行った仕訳の反対仕訳（逆仕訳）を行うことにより，連結仕訳で取り消す処理を行います。

| （借方）子会社株式(B/S)　600万円 | （貸方）子会社株式評価損(P/L)　600万円 |

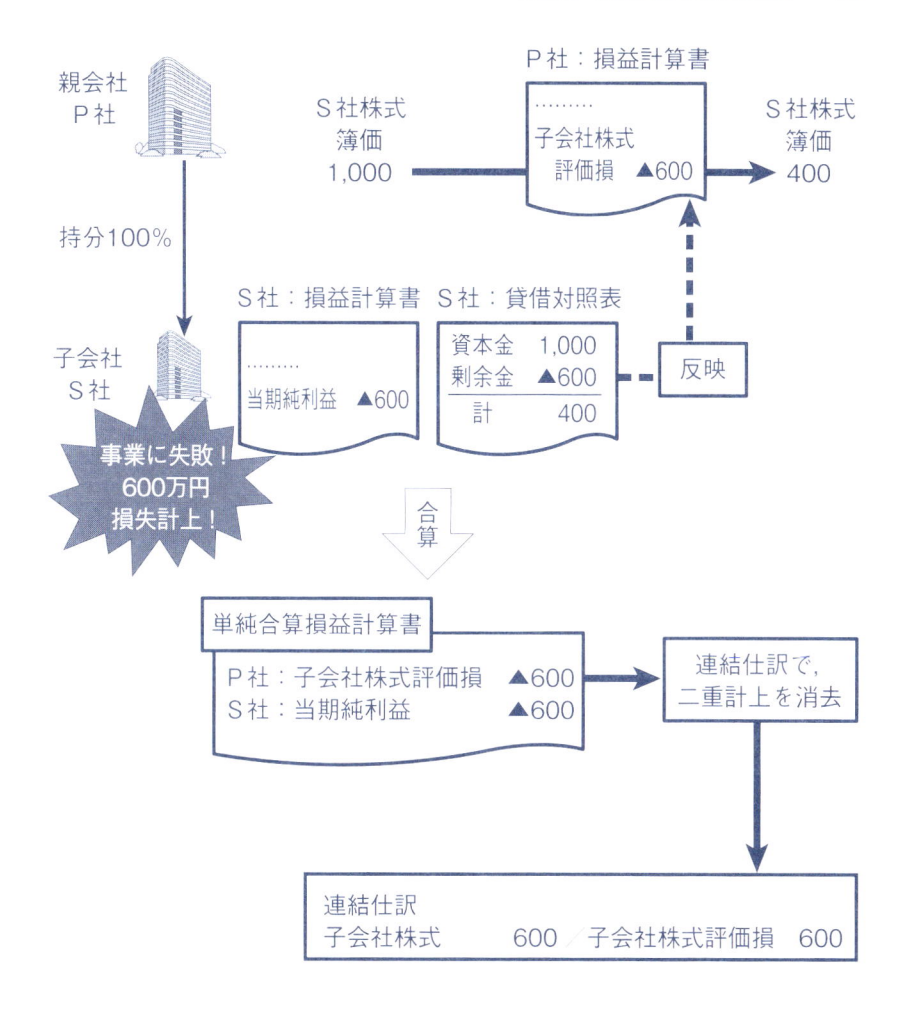

第2章 投資と資本の相殺消去　79

```
親会社
P社
    ↓ 持分100%
子会社
S社

事業に失敗！
600万円
損失計上！
```

S社株式 簿価 1,000

P社：損益計算書
　　　………
子会社株式
評価損　▲600

→ S社株式 簿価 400

S社：損益計算書
　　　………
当期純利益　▲600

S社：貸借対照表
資本金　1,000
剰余金　▲600
計　　　　400

反映

⇩ 合算

単純合算損益計算書
P社：子会社株式評価損　▲600
S社：当期純利益　　　　▲600

→ 連結仕訳で、二重計上を消去

↓

連結仕訳
子会社株式　600　／　子会社株式評価損　600

　なお，買収により子会社を取得した際にのれんが発生しているのであれば，のれんの償却額についても検討する必要があります。子会社が多額の損失を計上したのであれば，取得の際には見込んでいたプレミアムは消滅したと考えられるためです。このような場合には，連結財務諸表において，消滅相当ののれんの償却処理が必要になります。

子会社の判定と持分比率

連結の範囲にどの子会社が入るかを判定する際には、親会社が直接議決権を保有する子会社だけでなく、子会社が保有する議決権も含めて判定するということは理解していただけたと思います。

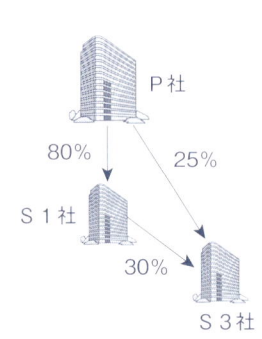

復習になりますが、S3社は、P社の持分25%とS1社持分30%を合わせると55%となり、議決権の過半数を所有しているため、P社の子会社となります。

では、S3社の親会社（P社）持分は、いくらになるでしょうか？ 30%と25%の合計55%が親会社持分でしょうか？

ちょっと変だと思いませんか。なぜならS1社のS2社に対する持分は30%ですが、S1社には20%（100%－80%）の非支配株主が存在しているからです。P社にとっての持分は、直接持分の25%に間接持分の24%（30%×80%）を足した49%が親会社持分となります。反対に、非支配株主持分は51%ですので、S3社の当期純利益が1,000万円の場合、非支配株主に帰属する当期純利益は、510万円となります。

親会社帰属490万円

49%＝25%＋30%×80%

非支配株主帰属510万円

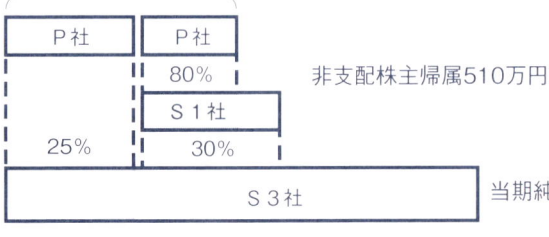

当期純利益1,000万円

第3章 取引消去と債権債務の消去

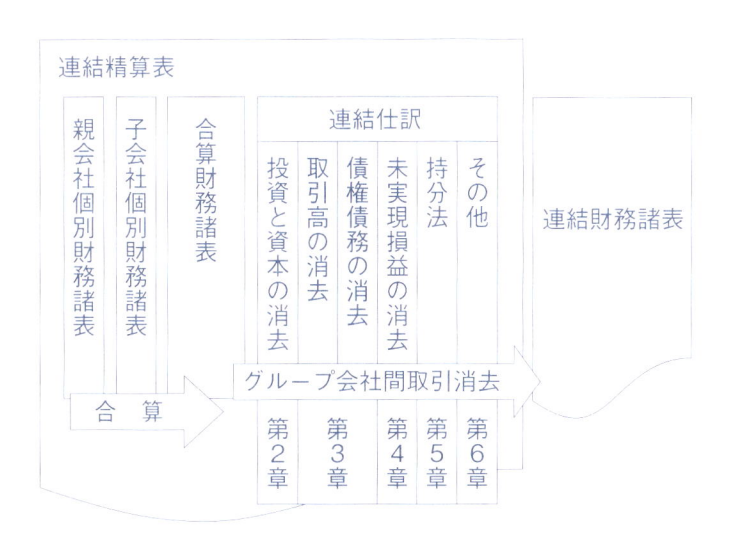

連結精算表

親会社個別財務諸表	子会社個別財務諸表	合算財務諸表	連結仕訳					連結財務諸表
			投資と資本の消去	取引高の消去	債権債務の消去	未実現損益の消去	持分法	その他
			第2章	第3章	第4章	第5章	第6章	

合算 → グループ会社間取引消去

　この章では，連結グループ会社間取引消去の代表例である取引消去と債権債務消去について見ていきます。

　連結グループ内で行われた売買取引をなかったものにするためには，どのような連結仕訳が必要でしょうか？

3-1 取引高の相殺消去
連結グループ内の取引はなかったことに

☞ 連結グループ間で行われたすべての取引高を集計し，相殺消去します。相殺消去を行わなければ，損益計算書は内部取引によって膨らんだ状態になっています。

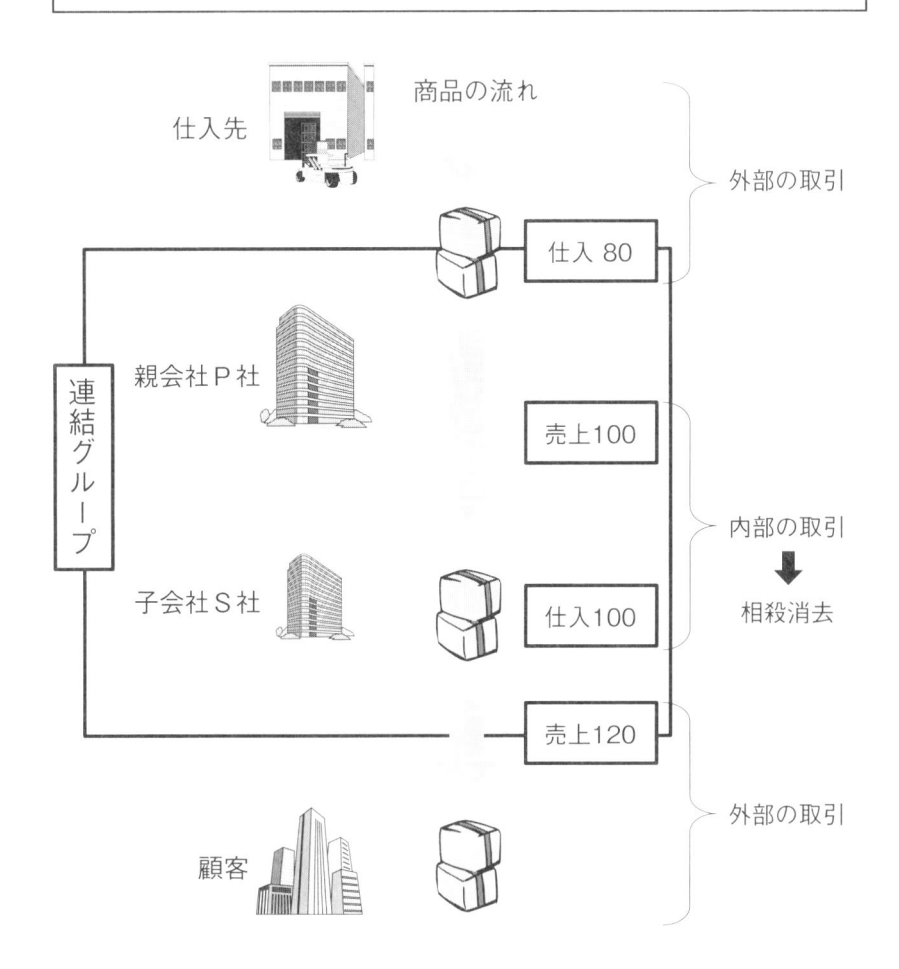

仕入先　商品の流れ

仕入 80　　　　外部の取引

親会社P社

売上100

連結グループ

子会社S社

仕入100　　　内部の取引 → 相殺消去

売上120

顧客　　　　　外部の取引

■単純合算は水膨れ■

親会社が子会社に商品を100万円で販売した場合，親会社の売上に100万円，子会社の仕入に100万円が計上されますが，それぞれの個別財務諸表を単純に合算すると，損益計算書にこの内部取引である売上100万円と仕入100万円が含まれて表示されていることになります。これでは，連結グループ内部での売買により，売上や売上原価が計上されてしまいます。この取引は，グループ内部の取引であって，連結グループとして外部の業者と売上や仕入の取引を行ったわけではありません。いわば，水膨れした売上と仕入です。

■内部取引はなかったこと（相殺消去）にする■

連結グループ全体の業績を正しく表すのは，連結グループが外部と行った取引のみが表示されている状態です。よって，連結グループ内の内部取引を集計し，相殺消去の処理を行う必要があります。

（借方）売　上（P/L）　100万円	（貸方）売上原価（P/L）　100万円

親会社が子会社に商品を100万円で販売している場合，親会社の損益計算書に計上されている売上高100万円と子会社で計上されている売上原価100万円を相殺消去します。

▶ One more

相殺消去の取引内容

実際には，一方の連結会社では製造経費として売上原価に計上し，もう一方の連結会社では売上でなく非営業取引として営業外収益に計上しているような場合もあります。連結グループがどのような取引を行っているか把握し，この取引がなかったことにするにはどのような仕訳が必要か，という観点が必要です。

3-2 債権と債務の相殺消去
連結グループ内の債権債務はなかったことに

☞ 連結グループ間の取引から生じた債権と債務を集計し，相殺消去します。相殺消去を行わなければ，貸借対照表の資産と負債は内部取引によって膨らんだ状態になっています。

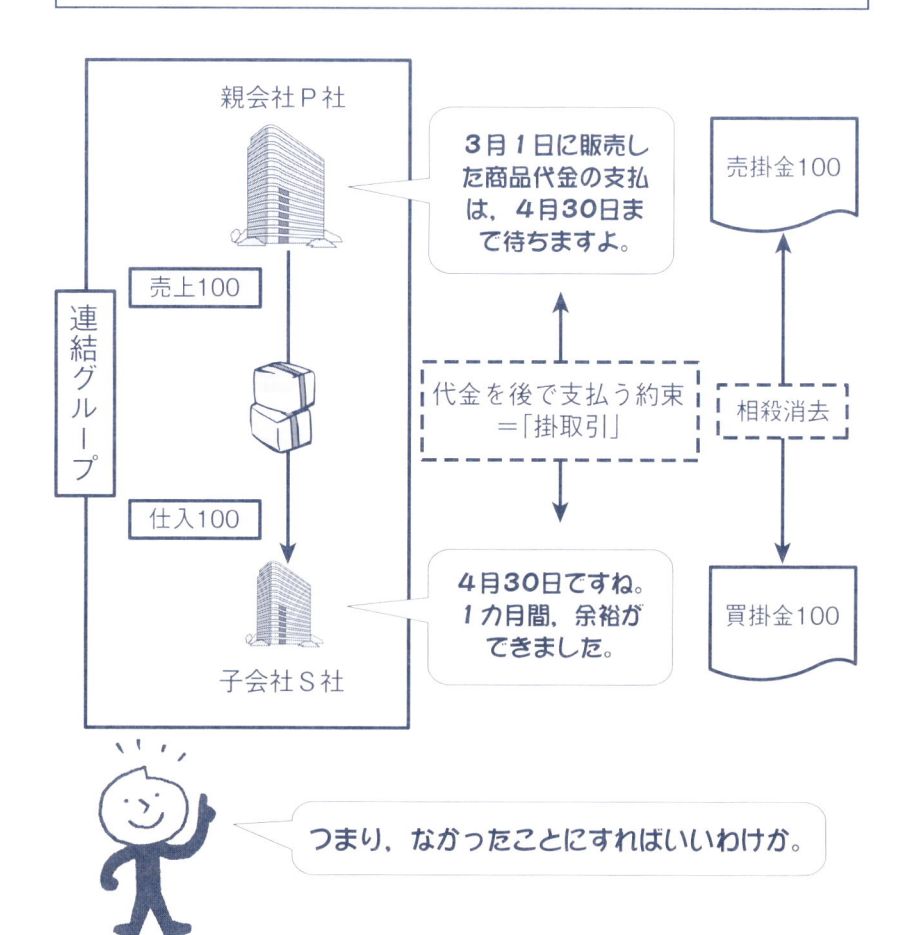

親会社P社

3月1日に販売した商品代金の支払は，4月30日まで待ちますよ。

売上100

連結グループ

仕入100

代金を後で支払う約束＝「掛取引」

売掛金100

相殺消去

買掛金100

子会社S社

4月30日ですね。1カ月間，余裕ができました。

つまり，なかったことにすればいいわけか。

■売掛金と買掛金の発生■

会社間取引においては現金の支払をする時期を決めてそれまで支払を待ってもらう，という「掛取引」が一般的に行われます。

親会社P社が子会社S社に商品を掛取引により100万円で販売した場合，P社，S社はそれぞれ下記の仕訳となります。

```
個別財務諸表上
P社（借方）売掛金（B/S）　100万円　（貸方）売　上（P/L）　100万円
S社（借方）仕　入（P/L）　100万円　（貸方）買掛金（B/S）　100万円
```

■債権債務も単純合算は水膨れ■

ここでは，貸借対照表科目である「売掛金」と「買掛金」に注目します。それぞれの個別財務諸表を単純に合算しただけでは，貸借対照表に内部取引の結果である売掛金100万円と買掛金100万円が含まれて表示されていることになります。これでは，連結グループ内部で取引が行われたことで，資産や負債が膨らむことになります。

■内部取引による債権債務は相殺消去■

連結グループ全体の財産の状態を正しく表すのは，連結グループが外部と行った取引の結果のみが表示されている状態ですので，内部取引の債権債務は相殺消去する必要があります。

```
連結仕訳
（借方）買 掛 金（B/S）　100万円　（貸方）売 掛 金（B/S）　100万円
```

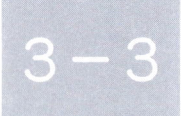

3-3 受取手形と支払手形①
受取手形と裏書の取扱い

☞ 通常の手形取引は，掛取引と同様に債権債務関係を消去し，裏書譲渡した場合は，その手形が連結グループ内部にあれば消去，連結外部にあれば支払手形あるいは裏書手形となります。

パターン①

連結グループ

子会社S社 —振出し→ 親会社P社

相殺消去

パターン②

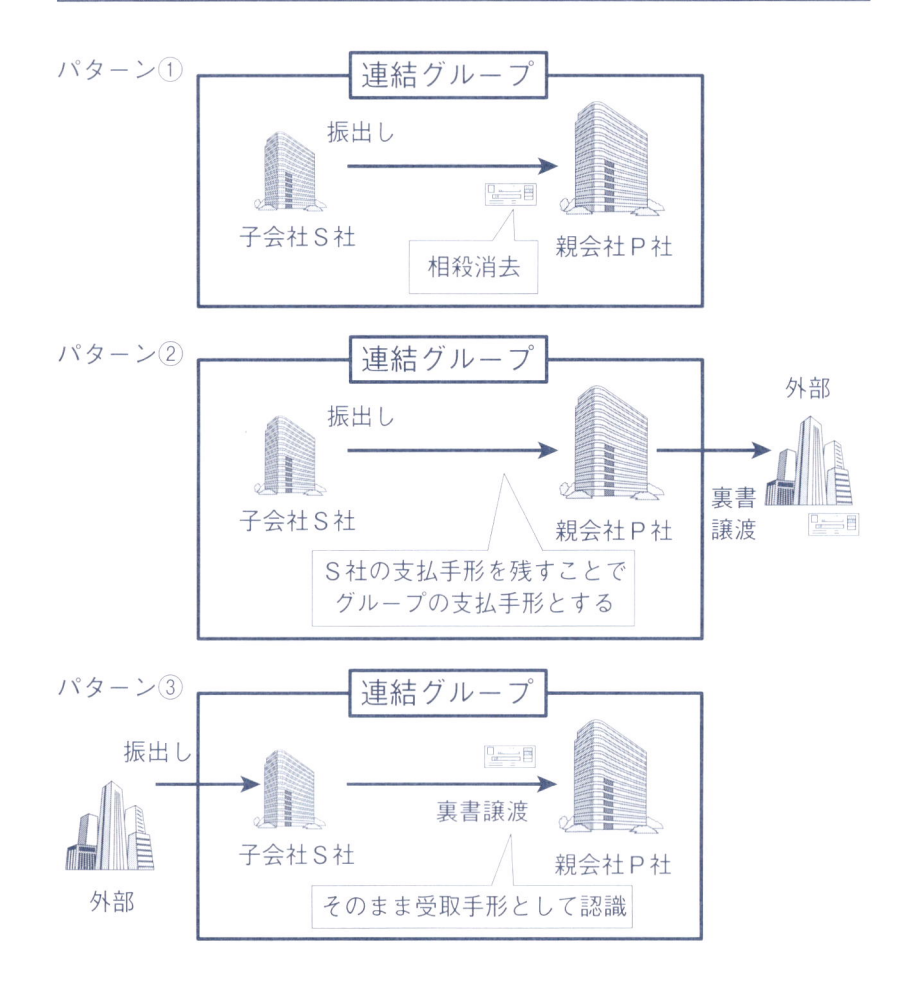

連結グループ

子会社S社 —振出し→ 親会社P社 → 外部

裏書譲渡

S社の支払手形を残すことでグループの支払手形とする

パターン③

連結グループ

外部 —振出し→ 子会社S社 —裏書譲渡→ 親会社P社

そのまま受取手形として認識

■受取手形と支払手形の相殺消去■

　取引に係る支払手段としては，「掛取引」とは別に「手形取引」という取引方法もあります。これは現金の代わりに約束手形を使用する取引ですが，相殺消去の基本的な考え方は売掛金・買掛金と同様です。連結グループ内の会社で手形を振り出してそのまま連結グループ内の他の会社が保有している場合，受取手形と支払手形は相殺消去します（パターン①）。

■連結グループ内で振り出した手形を連結外部へ裏書譲渡■

　約束手形は，売掛金と異なり流動性が高い（売買しやすい）ので，受け取った手形をそのまま他の支払に充てる，すなわち「裏書」することがあります。

　子会社S社が振り出した手形100万円を，親会社P社が連結外部の会社に裏書譲渡した場合，連結グループとして考えても外部に手形を振り出したという事実に変わりはありません。このため，連結貸借対照表においても100万円は支払手形として表示し，連結仕訳は必要ありません（パターン②）。

■外部から受け取った手形を連結グループ内で裏書譲渡■

　子会社S社が連結外部の会社から受け取った100万円の手形を，親会社P社に裏書譲渡した場合はどうでしょうか。この場合，受け取った手形はそのまま連結グループ内の会社が保有しているので，連結グループとして考えても外部から手形を受け取ったという事実に変わりはありません。連結貸借対照表においても100万円は受取手形として表示するため，連結仕訳は必要ありません（パターン③）。

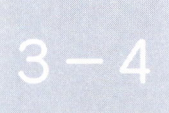

3-4 受取手形と支払手形②
受取手形と裏書・割引の取扱い

☞ 連結グループ会社が振り出した手形を割引くと，グループでは手形を担保にお金を借りているのと同じ効果が生じます。

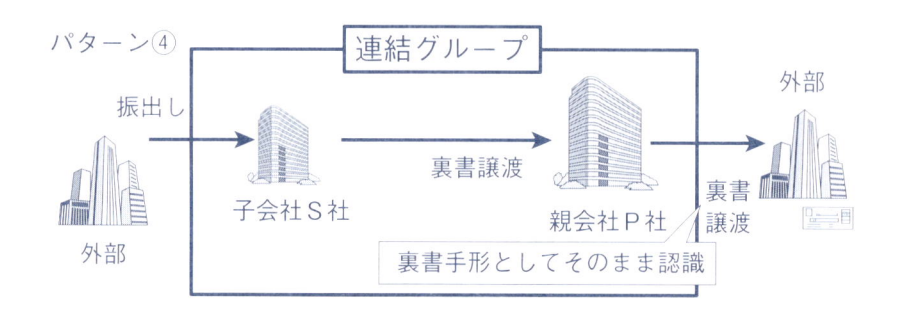

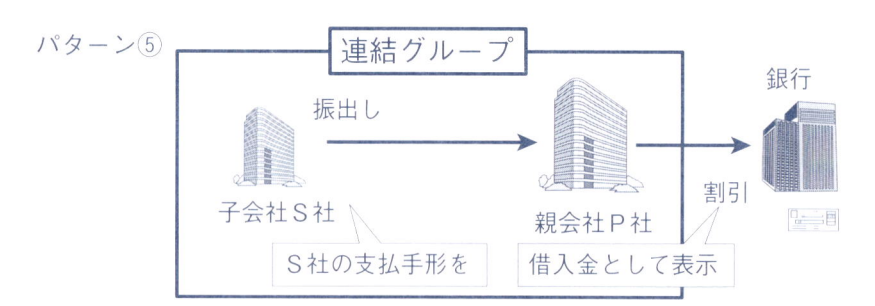

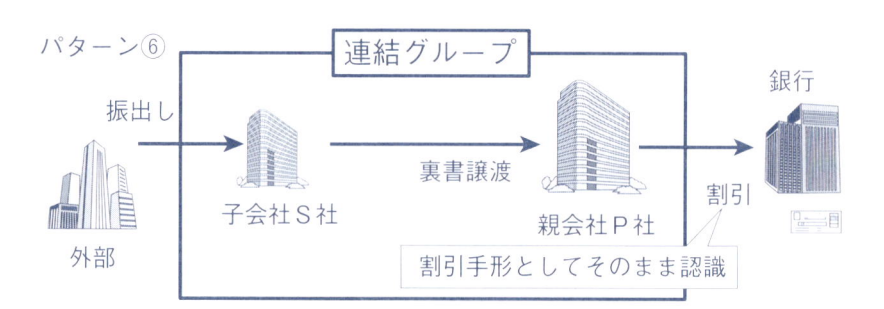

パターン④

連結グループ

振出し → 子会社S社 →(裏書譲渡)→ 親会社P社 →(裏書譲渡)→ 外部

外部

裏書手形としてそのまま認識

パターン⑤

連結グループ

子会社S社 →(振出し)→ 親会社P社 →(割引)→ 銀行

S社の支払手形を　借入金として表示

パターン⑥

連結グループ

振出し → 子会社S社 →(裏書譲渡)→ 親会社P社 →(割引)→ 銀行

外部

割引手形としてそのまま認識

第3章　取引消去と債権債務の消去　89

■外部から受け取った手形を連結外部へ裏書譲渡■

　子会社S社が受け取った手形100万円を親会社P社に裏書譲渡し，さらにP社が連結外部の会社に裏書譲渡した場合はどうでしょうか。連結グループとして考えても，外部から受けた手形を外部へ裏書した状態になっています。このため，連結仕訳は必要ありません（パターン④）。

■連結グループ内部で振り出した手形を割引■

　子会社S社が振り出した手形100万円を，親会社P社が手形の期日より前に現金化したいので銀行で割引いた場合は，連結グループとして考えると自ら振り出した手形を担保にお金を借りているのと同じことです。このため，連結貸借対照表においては借入金として表示します（パターン⑤）。

（借方）支払手形（B/S）	100万円	（貸方）借 入 金（B/S）	100万円

■外部から受け取った手形を連結グループを経由して割引■

　子会社S社が連結外部の会社から受け取った100万円の手形を，親会社P社に裏書譲渡し，さらにそれを銀行で割引いた場合どうなるでしょうか。連結グループとして考えても，外部から受けた手形を割引したのと同じ状態です。このため，連結仕訳は必要ありません（パターン⑥）。

▍One more ▶

割引手形と裏書手形の注記
　割引手形や裏書手形は，振出した会社が倒産などにより決済できなくなったとき，割引や裏書を実行した会社が代わりに決済する必要があります。このため，財務諸表には，もしかしたら負担するかもしれない金額がわかるように，割引や裏書している手形の金額を偶発債務の注記として表示します。連結上で認識される割引手形や裏書手形の金額は，それぞれのパターンに応じて個別財務諸表と異なることがあるため，注記すべき金額にも注意する必要があります。

3-5 貸付金と借入金
利息の消去を忘れずに

☞ 貸付金と借入金，受取利息と支払利息を相殺消去します。また利息が未払（未収）であれば，その債権債務勘定も相殺消去します。

親会社P社が4月1日に子会社S社に100（利息6％）を貸し付けた場合
連結決算日は9月30日

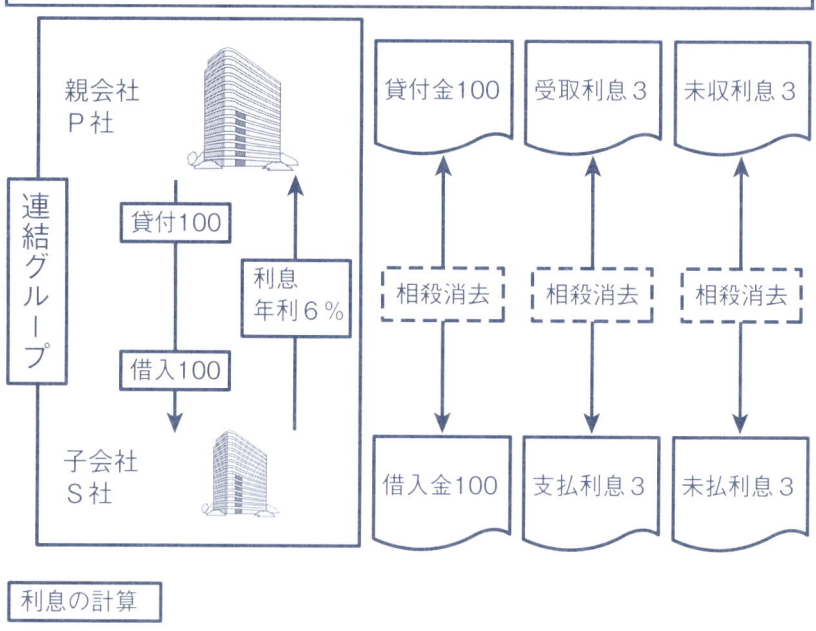

連結グループ
- 親会社 P社
- 貸付100
- 利息 年利6％
- 借入100
- 子会社 S社

貸付金100 ← 相殺消去 → 借入金100
受取利息3 ← 相殺消去 → 支払利息3
未収利息3 ← 相殺消去 → 未払利息3

利息の計算

貸付日	期末日	返済日
4/1	9/30	3/31

$100 \times 6\% \times 6カ月/12カ月 = 3$

■貸付金と借入金を相殺消去■

グループ全体の資金運用の効率化を図るため，連結グループ内の資金の余っている会社が不足している会社にお金を貸し付けるということはよく行われています。

親会社が資金100万円を子会社に貸し付けた場合，他の債権債務と同様に，親会社の貸付金と子会社の借入金を相殺消去します。

(借方) 借 入 金 (B/S)	100万円	(貸方) 貸 付 金 (B/S)	100万円

■受取利息と支払利息の相殺消去■

この取引はお金の貸し借りなので，借りた側（子会社）は支払利息が発生し，貸した側（親会社）は受取利息が発生します。また，利息の支払日によっては，それが期末時点で未払（未収）となっている可能性もあります。これらの取引もすべてなかったことにする（相殺消去する）必要があります。

100万円の貸付の金利が年利6％，決算日で半年分の利息が未払（未収）となっている場合の相殺消去は以下のようになります。

(借方) 受取利息 (P/L)	3万円	(貸方) 支払利息 (P/L)	3万円
(借方) 未払利息 (B/S)	3万円	(貸方) 未収利息 (B/S)	3万円

One more

保証債務の注記

親会社が子会社の銀行借入について銀行に対して保証を行うということはよく行われます。この場合，親会社の財務諸表にもしかしたら負担するかもしれない（潜在的な）債務額を開示するため，保証債務の金額を注記する必要があります。しかし，連結上は，子会社の借入金は連結貸借対照表に債務として直接計上されるため，潜在的な債務ではなくなります。よって，注記金額から除く必要があります。

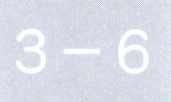

3-6 貸倒引当金の調整

貸倒引当金の調整を忘れずに

> 貸倒引当金の設定されている連結グループに対する債権の相殺消去を行った場合、対応する貸倒引当金を調整する必要があります。

親会社P社が子会社S社に商品100を販売した場合において、連結決算日現在、代金の支払はなく、親会社は子会社への売掛金に対して、債権額の2％にあたる貸倒引当金を設定している。

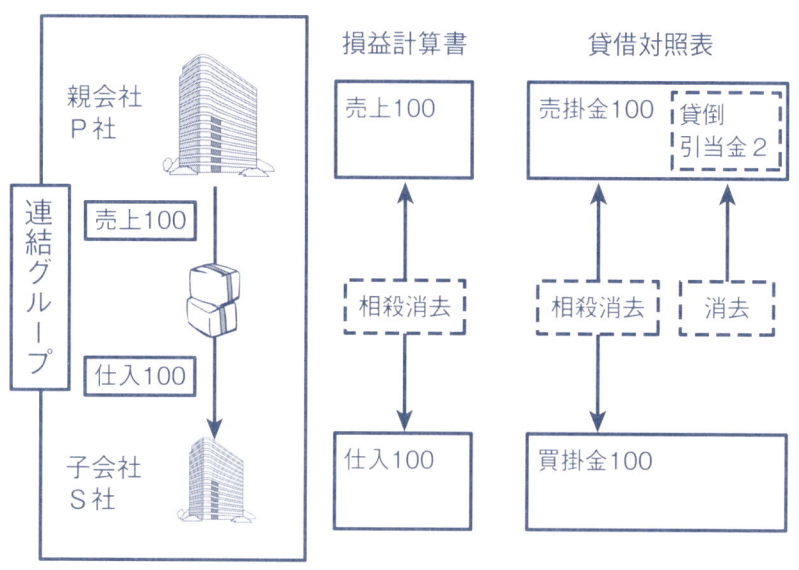

連結グループ
- 親会社P社 — 売上100 →
- 子会社S社 — 仕入100

損益計算書
- 売上100
- 仕入100
（相殺消去）

貸借対照表
- 売掛金100　貸倒引当金2
- 買掛金100
（相殺消去／消去）

債権だけでなく、貸倒引当金も消去しないとおかしいぞ。

■相殺消去した債権の貸倒引当金の取扱い■

ここでは個別財務諸表上、金銭債権について貸倒引当金が計上されている場合を考えます。

親会社P社は子会社S社に対し売上と売掛金100万円があり、これに対し2％にあたる貸倒引当金を計上しています。P社の個別財務諸表上では次のような処理が行われています。

P社（個別財務諸表上）			
（借方）売掛金(B/S) 100万円	（貸方）売 上（P/L） 100万円
（借方）貸倒引当金繰入額(P/L) 2万円	（貸方）貸倒引当金(B/S) 2万円

1つ目の仕訳である売上（貸方）と売掛金（借方）は、取引高と債権債務の相殺消去により消去されます。

しかし、このまま2つ目の仕訳を調整しないと、連結財務諸表では対象債権がないにもかかわらず貸倒引当金（貸方）が計上されたままになってしまいます。

■不要な貸倒引当金は相殺消去■

このため、相殺消去された売掛金に見合う貸倒引当金を調整します。

連結仕訳	
（借方）貸倒引当金(B/S) 2万円	（貸方）貸倒引当金繰入額(P/L) 2万円

▶ One more

非支配株主が存在する場合

非支配株主が存在する子会社で連結グループに対する売掛金が相殺消去され、それに見合う貸倒引当金と貸倒引当金繰入額が調整されると、損益にインパクトを与えるため、非支配株主持分の調整が必要になります。

3-7 未達取引

未達部分は調整してから消去

☞ 連結グループ間の取引で未達取引が生じることにより発生した取引や債権債務の不一致は，一致するように連結修正する必要があります。

親会社は売上計上した商品300が，子会社では未達となっている場合

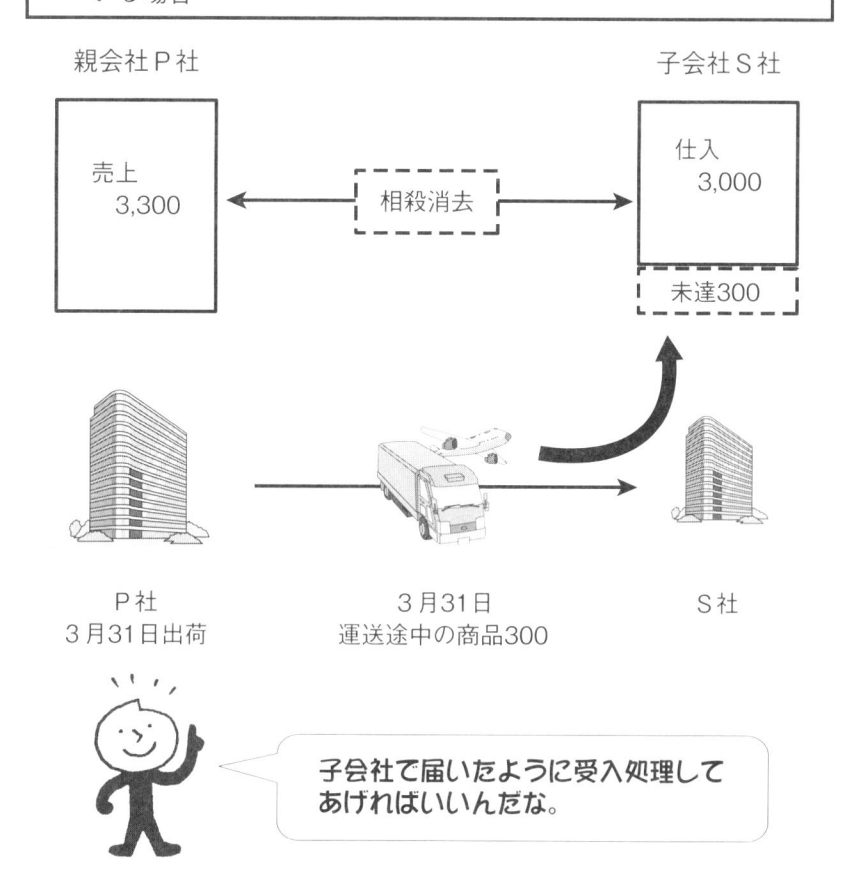

親会社P社　　　　　　　　　　　　　子会社S社

売上 3,300　←　相殺消去　→　仕入 3,000

未達300

P社　　　　　　　3月31日　　　　　　S社
3月31日出荷　　運送途中の商品300

子会社で届いたように受入処理してあげればいいんだな。

■未達取引と金額の不一致■

 取引が決算日直前に行われたため,販売会社側では売上を計上した商品が,購入会社側にはまだ届いておらず会計処理がされていない場合があります。このような取引を「未達取引」といいます。

 未達取引があると,グループ会社双方の取引や債権債務の金額が不一致となります。

■未達取引を修正し不一致を解消する■

 親会社は売上計上した商品300万円が,子会社には届いていなかったため未達となっています。このため,取引高(親会社売上高:3,300万円,子会社売上原価3,000万円)と債権債務の金額(親会社売掛金:600万円,子会社買掛金300万円)が不一致です。

 こうした場合には,子会社では未達の商品があたかも届いたように連結上受入処理し,不一致を解消します。

| (借方) 売上原価 (P/L) 300万円 | (貸方) 買掛金 (B/S) 300万円 |

 この調整により親会社と子会社の売上と仕入,売掛金と買掛金はそれぞれ一致するため,通常どおり相殺消去を行います。

| (借方) 売 上 (P/L) 3,300万円 | (貸方) 売上原価 (P/L) 3,300万円 |
| (借方) 買 掛 金 (B/S) 600万円 | (貸方) 売 掛 金 (B/S) 600万円 |

 一方で未達分については,子会社S社で期末の在庫が増加していることとなるので,商品勘定への振替え仕訳を行います。

| (借方) 商 品 (B/S) 300万円 | (貸方) 売上原価 (P/L) 300万円 |

3-8 第三者を介する連結会社間取引
経済実態に応じて相殺消去

☞ 連結グループ内の取引ではないように見えても，実際は取引高および債権債務を相殺消去すべき場合があります。

商社が仲介業者として取引にかかわり，親会社P社から100で仕入れた商品を子会社S社に120で販売している場合

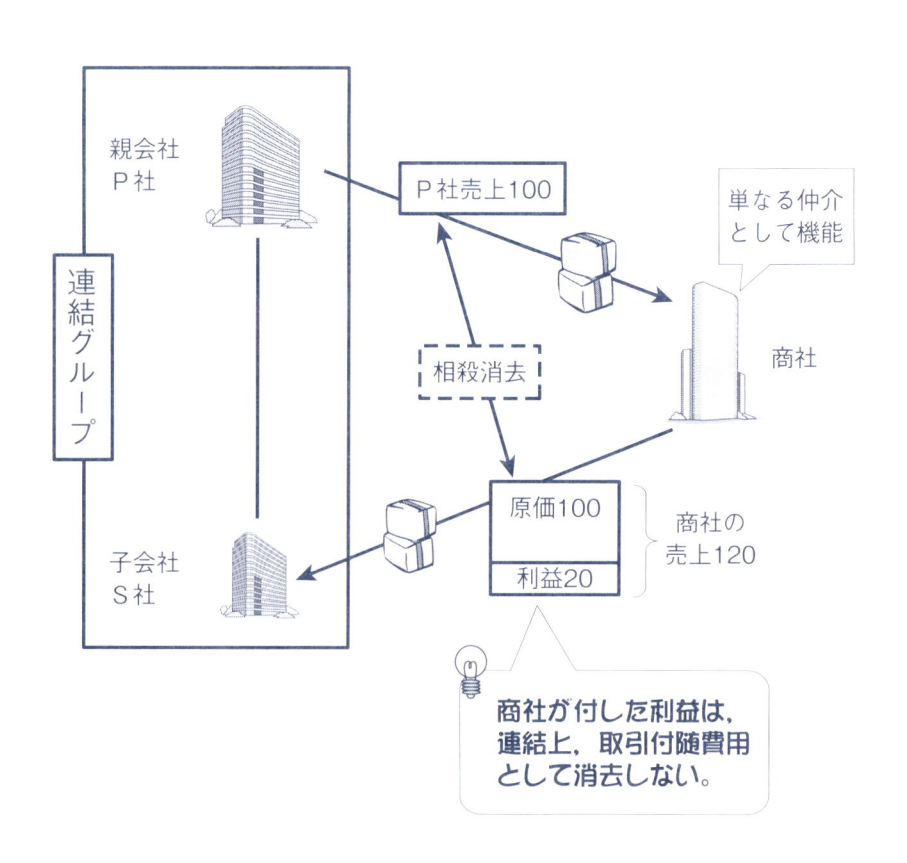

親会社P社

連結グループ

子会社S社

P社売上100

相殺消去

原価100
利益20

商社の売上120

単なる仲介として機能

商社

💡 商社が付した利益は，連結上，取引付随費用として消去しない。

■結局，誰が取引をしているのか■

連結グループ内の取引に，商社等が介在する場合があります。資金の融通などを目的として親会社P社が商社に商品を販売し，商社は少し利益を乗せてP社グループの子会社に販売するような取引です。このような場合には，形式的には，親会社と商社の間，商社と子会社の間でそれぞれ取引が成立しているため，商社が連結外部の会社であれば，取引高および債権債務の相殺消去は不要に見えます。

しかしながら，商社は単に仲介業者として取引にかかわっているだけで，実際はP社とS社が取引を行っています。このため，その経済的実態を連結財務諸表に反映する必要があります。

■商社の乗せた利益は「付随費用」として処理■

形式的には連結グループ内の取引でないように見えても，実質的に連結会社間取引にあたるものについては，取引高および債権債務を相殺消去する必要があります。

ただ，この取引で商社が20万円の利益を乗せていれば，販売会社である親会社の売上は100万円である一方，購入側の子会社の仕入は120万円となり，相殺消去しようとする額が一致しません。

このような場合には，親会社の売上金額である100万円をもって相殺します。差額の20万円は，連結グループの観点からすると，商社に対して支払った取引の付随費用と考えられるため，連結上は消去しないことになります。

COFFEE BREAK

関連当事者との取引

　関連当事者という言葉を聞いたことありますか？　財務諸表では，役員や主要株主，役員や主要株主が個人的に所有している会社など，会社に関連が強い当事者を関連当事者と呼びます。

　こうした会社に強い影響を与える可能性のある関連当事者との取引は，一般とは異なる条件で行われることがあり，企業や企業グループの業績や財産に大きな影響を与える可能性が高いものです。また，そうした状況を利用者が財務諸表から読み取ることは困難です。このため，こうした取引を関連当事者の注記として財務諸表に記載させ，利用者がこれらの取引を認識できるようにしています。

　例えば，ある会社が自社の社長に対してお金を貸し付けるということはあります。この金額が少額のうちはいいのでしょうが，会社の資金繰りに影響を与えるほど多額の貸付を行っている場合があるかもしれません。また，通常受け取るべき金利も一般より低い利率になっているかもしれません。もしかしたら，そのお金を社長が好き勝手に使い込んでしまっていて，返済が困難になっているかもしれません。

　関連当事者との取引がある場合，その内容を注記として開示することが求められています。関連当事者の注記を見ると，こうした取引の内容，相手との関係，取引額や取引の条件などの情報を入手することができます。

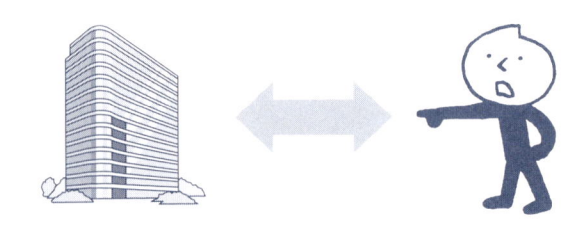

第4章 未実現損益の消去

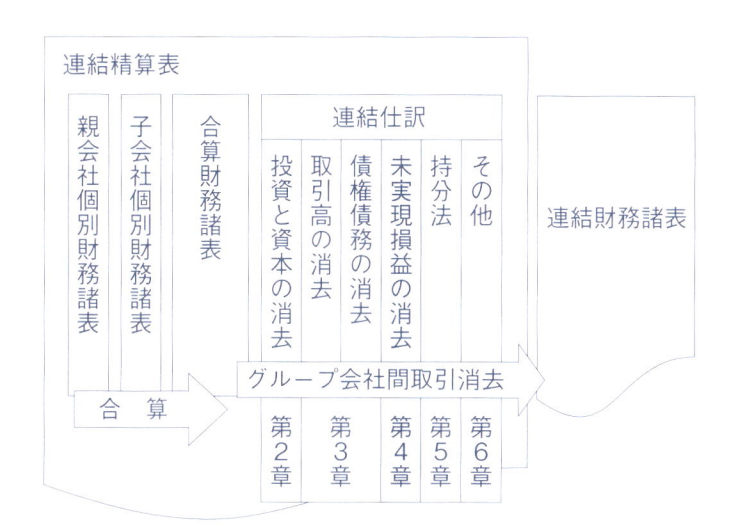

```
連結精算表
┌─────┬─────┬─────┬──────────────────────────┐
│親会社│子会社│合算 │       連結仕訳           │
│個別 │個別 │財務 ├──┬──┬──┬──┬──┬────┤
│財務 │財務 │諸表 │投│取│債│未│持│その│
│諸表 │諸表 │    │資│引│権│実│分│他 │
│     │     │    │と│高│債│現│法│    │
│     │     │    │資│の│務│損│  │    │
│     │     │    │本│消│の│益│  │    │
│     │     │    │の│去│消│の│  │    │
│     │     │    │消│  │去│消│  │    │
│     │     │    │去│  │  │去│  │    │
└─────┴─────┴────┴──┴──┴──┴──┴──┴────┘
      合　算       グループ会社間取引消去
                   第2章 第3章 第4章 第5章 第6章
```
→ 連結財務諸表

　連結グループ内の会社間で資産を売買すると，通常は売却損益が発生します。
　これらの売却損益は，連結グループでは内部損益にすぎません。この章では，これらの内部損益をどのように消去するかを見ていきます。

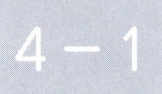

4-1 未実現損益消去の意味
未実現の内部損益は消去

連結グループ会社へ棚卸資産などの資産を売却して発生した損益のうち，期末までに連結グループの外部に販売されることによって実現していないものは，連結上消去します。

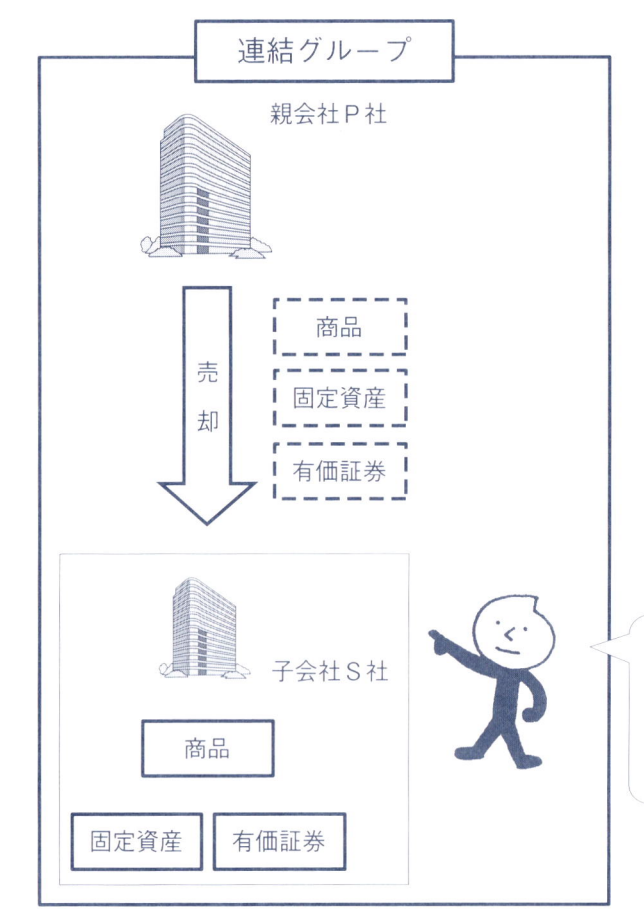

連結グループ

親会社P社

売却 → 商品／固定資産／有価証券

子会社S社
商品
固定資産　有価証券

連結グループの外部に売却されていないので，内部損益は未実現だ。

■連結グループ内の取引と内部損益■

　連結グループ内の会社間で，棚卸資産，固定資産，有価証券などの資産を売買すると，通常は売却損益が発生します。

　これらの売却損益は，連結グループをあたかも１つの会社であると考えると，内部損益にすぎません。内部損益は，これらの資産が連結グループの外部に売却されてはじめて，連結グループとしての損益になります。

　例えば，親会社が80万円で仕入れた商品に，利益20万円を付加して100万円で子会社に販売し，子会社はお客さんに120万円で販売した場合を考えてみましょう。連結グループとしては，80万円で仕入れた商品を120万円で販売できたわけですから，40万円の利益を獲得しています。つまり，親会社で付加した利益20万円は実現したわけです。

■連結グループ内の内部損益の未実現■

　これに対して，この商品がお客さんに販売されていなければ，グループとして利益は獲得できていません。親会社で付加した20万円の利益は実現していないので，これを未実現利益といいます。

■未実現の内部損益の消去■

　連結グループ間の取引において生じた内部損益が実現していない場合，連結グループ各社の個別財務諸表の損益を単純に合算すると，損益計算書の利益にこれらの未実現損益が含まれて表示されることになります。

　一方，取引対象の棚卸資産，固定資産，有価証券などの資産残高にもこれらの未実現の損益が含まれて表示されることになります。

　そのため，連結財務諸表を作成するうえで，これらの損益を消去する必要があります。

4-2 棚卸資産の未実現利益消去①
グループ内への販売＝保管場所の変更

☞ グループ会社へ商品を販売しても，グループの外部に販売しない限り，連結グループ全体では商品の保管場所が変更されたにすぎません。

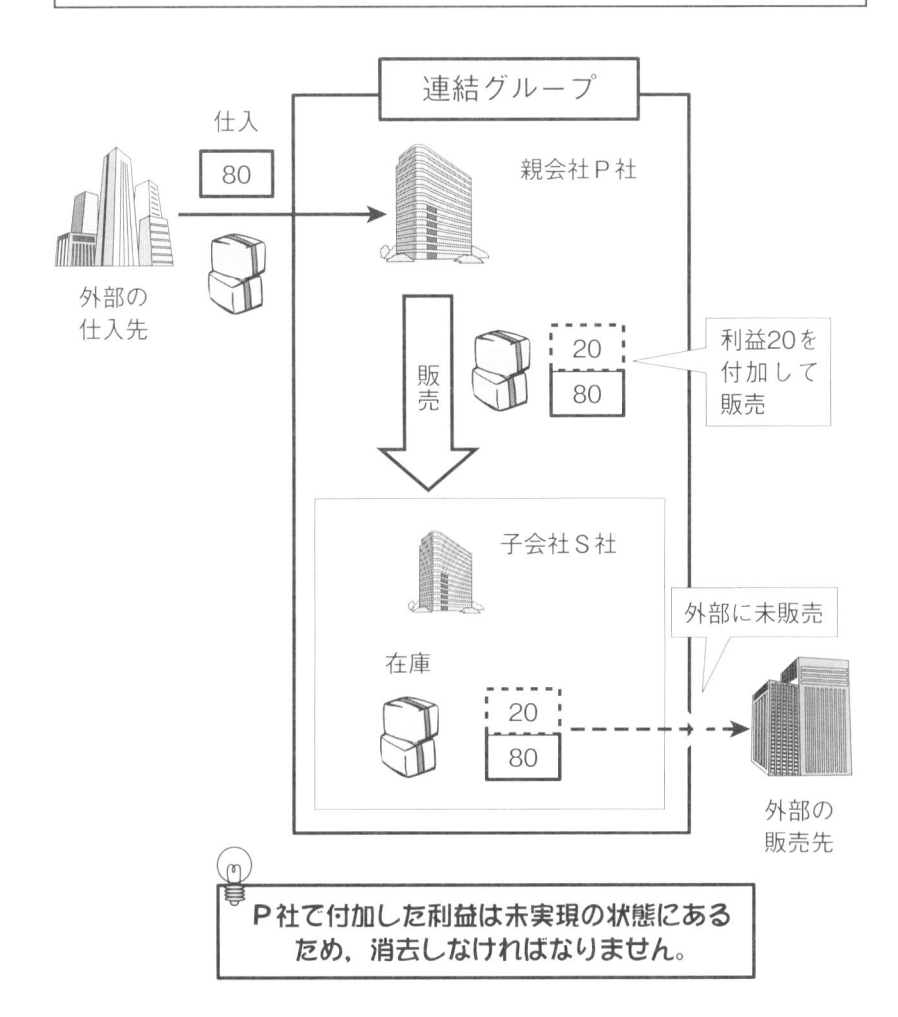

連結グループ

外部の仕入先 → 仕入 80 → 親会社P社

P社：80 ＋ 利益20を付加して販売

販売 ↓

子会社S社 在庫：80 ＋ 20

外部に未販売 → 外部の販売先

💡 P社で付加した利益は未実現の状態にあるため，消去しなければなりません。

■販売されていない在庫■

親会社が卸売業で子会社が小売業である連結グループや,親会社が製造業で子会社が販売会社である連結グループなどのケースを想像してみましょう。

子会社に販売された商品が,お客さんに販売されないまま子会社の在庫となっている場合,連結グループを一体として考えると商品の保管場所が変更されたにすぎません。親会社で付加された利益は未実現の状態にあることから,消去する必要があります。

■子会社の保有する在庫に含まれる未実現利益を消去する■

親会社P社が80万円で仕入れた商品に,利益20万円を付加して100万円で子会社S社に販売しました。しかし,S社はお客さんに販売できておらず,この商品はS社の倉庫に在庫として置いてあります。このS社が保有する在庫100万円には,P社が付加した利益20万円(未実現利益)が含まれていることになります。そのため,在庫金額に含まれる未実現利益20万円を消去し(貸方:棚卸資産),同額売上原価に加算(借方:売上原価)します。

| (借方) 売上原価(P/L) 20万円 | (貸方) 棚卸資産(B/S) 20万円 |

売上原価が20万円増加するため,親会社で付加された利益20万円が消去されたことになります。

One more

第3章で学習したように,連結グループ内の取引の間に,商社等が介在する場合があります。この場合も,商品が商社を経由してグループ内の在庫となっているのであれば,商社に販売したときに付加した利益は未実現利益として消去する必要があります。

One more

取引消去と未実現利益消去

　前ページの仕訳を見て，おや？と思った方はいらっしゃいませんか？
　ここでは，未実現利益の消去の説明しかしていませんが，第3章で学んだとおり，連結グループ内の取引はなかったことにする必要があります。取引消去の連結仕訳ですね。
　もう一度，取引を確認します。「親会社P社が80万円で仕入れた商品に，利益20万円を付加して100万円で子会社S社に販売しました。しかし，S社はお客さんに販売できていません。」という取引でした。単純化のために，親会社P社もS社もこの取引以外，取引がなかったとします。

損益計算書	P社	S社
売上	100万円	0万円
売上原価	80万円	0万円
売上総利益	20万円	0万円

　取引消去の仕訳は理解していただいていると思います。

（借方）売　上（P/L）　　100　（貸方）売上原価（P/L）　　100

　ここでも，おや？と思った方がいると思います。借方の「売上」は親会社P社が計上した内部売上の消去を意味しています。では，貸方の「売上原価」はなにを消去しているのでしょうか？子会社S社は商品を外部に販売できていないので，そもそもS社の損益計算書に売上原価は計上されていません。まるで，計上されていない売上原価を消去しているように見えないでしょうか。

この部分を理解するために，売上原価の内容について見てみましょう。連結財務諸表では，売上原価は売上原価として1つの科目で表示されていますが，実際には，次のように売上原価の中身は分けられます。

損益計算書	P社	S社	合算
売上原価（期首商品）	0万円	0万円	0万円
売上原価（当期仕入高）	80万円	100万円※	180万円
売上原価（期末商品）	0万円	△100万円	△100万円
売上原価（P/L）	80万円	0万円	80万円

※ 期首商品＋当期仕入高－期末商品＝売上原価（P/L）

実は，先ほどの貸方の「売上原価」は，この中の※売上原価（当期仕入高）の100万円を消去しているのです。

ただ，この取引消去の仕訳だけでは，次のように，正しい連結損益計算書になりません。

損益計算書	合算と消去
売上原価（期首商品）	0万円
売上原価（当期仕入高）	80万円
売上原価（期末商品）	△100万円
売上原価（P/L）	△20万円

ここで，未実現利益の消去の仕訳が登場します。

（借方）売上原価（P/L） 　　　　（期　末　商　品）	20	（貸方）棚卸資産（B/S）	20

この仕訳により，売上原価（期末商品）は△80万円（△100万円＋20万円）となり，その結果として売上原価（P/L）は0万円という正しい状態になります。

このように，取引消去の仕訳と未実現利益の消去仕訳の2つの仕訳が組み合わされることで，正しい連結財務諸表が作られるのです。

4-3 棚卸資産の未実現利益消去②
ダウンストリーム（親→子）の場合

> 親会社から非支配株主のいる子会社に販売する場合，すなわち，親会社が未実現利益を付加した場合，非支配株主は未実現利益の消去額を負担しません。

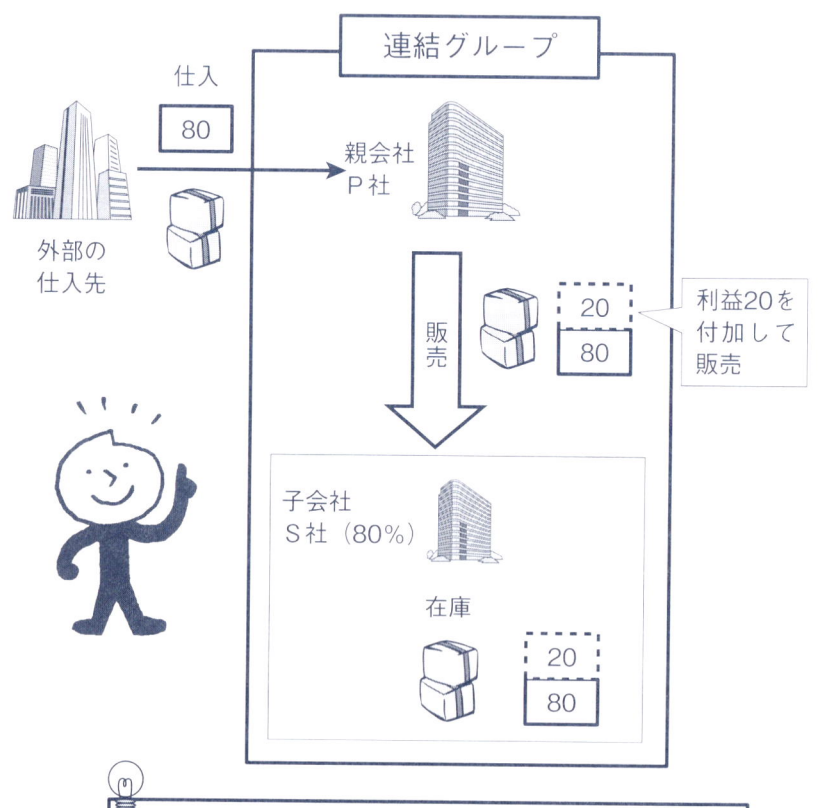

【連結グループ】

外部の仕入先 → 仕入 80 → 親会社 P社

親会社P社 → 販売 → 子会社 S社（80%）
利益20を付加して販売（20 / 80）

子会社 在庫 20 / 80

💡 付加された20の利益は，親会社P社で付加した利益であるため，非支配株主（**20%**）は負担しません。

■非支配株主の存在■

子会社に非支配株主が存在する場合，未実現利益の消去額を非支配株主にも負担させるかどうか考えなければなりません。

この場合，上位者である親会社から下位者である子会社へダウンする販売取引（ダウンストリーム）か，下位者である子会社から上位者である親会社へアップする販売取引（アップストリーム）かの2つに分けて，考える必要があります。

■ダウンストリーム取引■

親会社から子会社へ販売されるダウンストリーム取引の場合，親会社が付加した利益が，未実現利益として子会社が保有する在庫に含まれています。この利益は親会社が付加した利益であるため，子会社の非支配株主には関係ありません。

■子会社の保有する在庫に含まれる未実現利益を消去する■

親会社P社が80万円で仕入れた商品に，利益20万円を付加して100万円で子会社S社に販売し，S社が在庫として保有している場合を想定します。P社はS社の議決権の80%を所有しており，残りの20%は非支配株主が保有しています。

この場合，消去対象となる未実現利益20万円は，親会社P社が付加した利益であるため，子会社S社の株主である非支配株主が負担する必要はありません。

（借方）売上原価（P/L）	20万円	（貸方）棚卸資産（B/S）	20万円

4-4 棚卸資産の未実現利益消去③
アップストリーム（子→親）の場合

☞ 非支配株主の存在する子会社から親会社に販売する場合，すなわち，子会社が未実現利益を付加した場合，非支配株主も未実現利益の消去額を負担します。

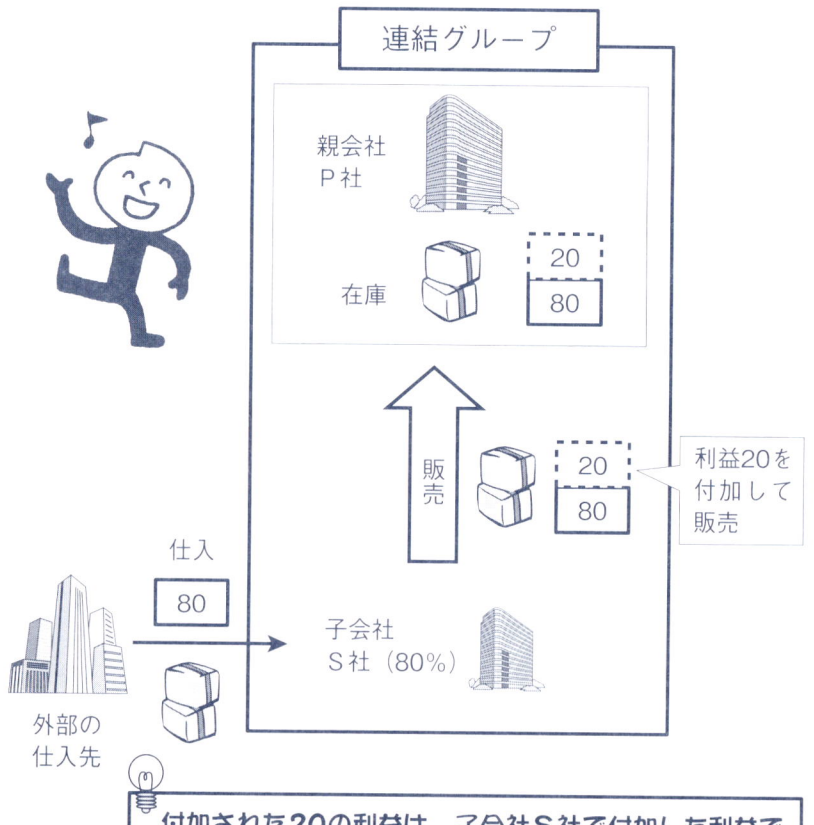

連結グループ

親会社
P社

在庫　20 / 80

販売

利益20を付加して販売　20 / 80

仕入　80

子会社
S社（80％）

外部の仕入先

💡 付加された20の利益は，子会社S社で付加した利益であるため，20×20％＝4は，非支配株主に帰属します。

■アップストリーム■

アップストリーム取引の場合，親会社が保有する在庫に含まれる未実現利益は，非支配株主が存在する子会社が付加した利益であり，その子会社の利益を消去することは親会社と非支配株主の双方に影響を与えるため，親会社と子会社の持分割合に応じて負担することになります。

■親会社の保有する在庫に含まれる未実現利益を消去する■

子会社S社が80万円で仕入れた商品に，利益20万円を付加して100万円で親会社P社に販売し，P社が在庫として保有している場合を想定します。P社はS社の議決権の80％を所有しており，残りの20％は非支配株主が保有しています。

この場合，消去対象となる未実現利益20万円は子会社が付加した利益であるため，子会社の株主である親会社と非支配株主の双方が負担します。未実現利益消去額20万円のうち，非支配株主が負担する4万円（未実現利益20万円×非支配株主持分割合20％）については，次の2つ目の仕訳により，非支配株主持分を減額します。

（借方）売上原価（P/L）	20万円	（貸方）棚卸資産（B/S）	20万円
（借方）非支配株主持分(B/S)	4万円	（貸方）非支配株主に帰属する当期純利益(P/L)	4万円

■One more

連結グループの子会社が，グループ内の別の子会社に商品を販売する場合も考えられます。この場合も，未実現損益の消去額を非支配株主に負担させる必要があるかどうか考えなければなりませんが，考え方は同じです。販売側の子会社の非支配株主の持分割合に応じて，未実現損益を負担させます。

4−5 未実現損失の場合
3つのパターンにより消去額が変わる

> 未実現損失は，未実現利益と異なり，単純に消去することはできません。未実現損失のうち，回収可能な金額のみを消去することになります。

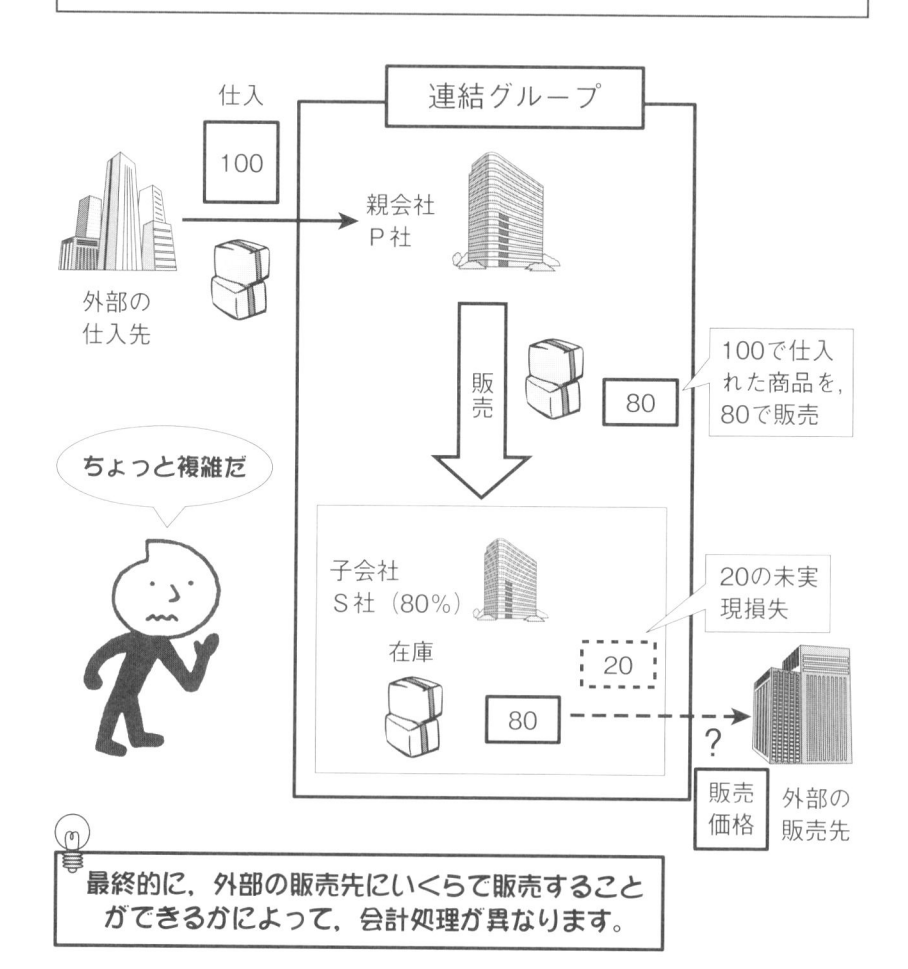

仕入 100

連結グループ

外部の仕入先 → 親会社 P社

100で仕入れた商品を，80で販売

販売 80

ちょっと複雑だ

子会社 S社（80%）
在庫 80

20の未実現損失

販売価格 ?

外部の販売先

💡 最終的に，外部の販売先にいくらで販売することができるかによって，会計処理が異なります。

■未実現損失■

商品を仕入価格より低い価額で販売した場合,販売側の会社に売却損が発生します。こうした取引が連結グループの中で行われた場合,この損失は,まだ実現していない損失(未実現損失)ですので,消去する必要がありそうです。

しかしながら,未実現損失は,未実現利益と異なり,単純に消去することはできません。未実現損失のうち,回収可能な金額のみを消去することになります。これは,回収可能な金額を超えて未実現損失を消去すると,連結財務諸表上,在庫金額が過大計上となるおそれがあるためです。

■3つのパターン別の回収可能な金額■

回収可能な金額とは何なのか,具体的に考えてみましょう。親会社P社が100万円で仕入れた商品を80万円で子会社S社に販売し,その商品を,S社が在庫(在庫計上額80万円,未実現損失20万円)として保有しています。

ケース①　在庫(80万円)を外部に100万円以上で販売可能な場合

この場合,未実現損失のうち回収可能な金額は20万円になります。P社は100万円で仕入れた商品をS社に80万円で20万円の損失を出して販売していますが,お客さんに100万円以上で販売できるのであれば,親会社で計上した損失は最終的に実現しない,すなわち回収可能です。このため,未実現損失20は連結仕訳により全額消去し,連結財諸表上の在庫金額は,100万円とします。

ケース②　在庫(80万円)を外部に90万円で販売可能な場合

この場合,未実現損失のうち回収可能な金額は10万円になります。S社が保有するこの商品が,最終的にはお客さんに90万円でしか販売できないのであれば,P社で計上した損失のうち10万円(100万円－90万円)

はのちのち取り戻すことはできないため、すでに損失として実現しているのと同様といえます。このため、未実現損失20万円のうち回収可能な10万円だけの未実現損失を、連結仕訳により消去し、連結財務諸表上の在庫金額は、90万円とします。

　ケース③　在庫(80万円)を外部に80万円以下でしか販売できない場合

　この場合、未実現損失に回収可能な金額はありません。S社の保有するこの商品が、最終的にお客さんに80万円以下でしか販売できないのであれば、親会社で計上した20万円の損失はのちのち取り戻すことはできないため、すでに全額損失として実現しているのと同様といえます。このため、未実現損失20万円は、連結仕訳において消去することはせず、連結財務諸表上の在庫金額は、80万円とします。

　以上の関係を表にまとめると、次の表のとおりになります。

	ケース①	ケース②	ケース③
連結グループ外部からの取得原価	100	100	100
S社への販売総額（＝S社の在庫金額）	80	80	80
未実現損失の金額	20	20	20
連結グループ外部への販売可能価額	110	90	80
未実現損失の消去金額	20	10	0
連結財務諸表上の在庫金額	100	90	80

　連結財務諸表上の在庫金額（表の一番下）に着目してください。

　ケース①からケース③のどの場合でも、連結財務諸表上の在庫計上額は、連結上の取得原価（100万円）と、連結グループ外部への販売可能価額のうち、どちらか低い方の金額となっていることがわかります。

　連結財務諸表の作成にあたっては、未実現損失は、売手側の帳簿価額のうち回収可能な金額のみを消去します。結果的に、棚卸資産は販売が

ケース①

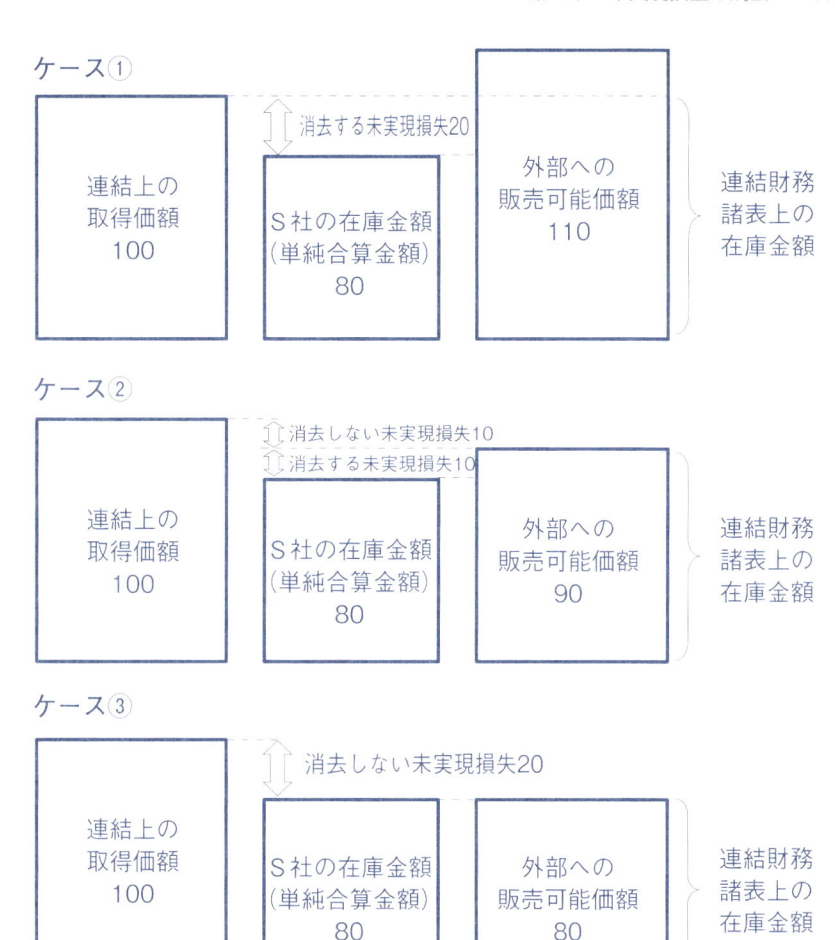

| 連結上の
取得価額
100 | S社の在庫金額
(単純合算金額)
80 | 外部への
販売可能価額
110 | 連結財務
諸表上の
在庫金額 |

消去する未実現損失20

ケース②

| 連結上の
取得価額
100 | S社の在庫金額
(単純合算金額)
80 | 外部への
販売可能価額
90 | 連結財務
諸表上の
在庫金額 |

消去しない未実現損失10
消去する未実現損失10

ケース③

| 連結上の
取得価額
100 | S社の在庫金額
(単純合算金額)
80 | 外部への
販売可能価額
80 | 連結財務
諸表上の
在庫金額 |

消去しない未実現損失20

見込まれる価格で連結財務諸表に計上されていることになります。

　この考え方は，棚卸資産について，販売が見込まれる価格（回収可能価額）が帳簿価額よりも低下している場合，帳簿価額を回収可能価額まで切り下げるという現行の会計基準と整合しています。

One more

実務上の留意点

　棚卸資産の未実現利益消去は，連結財務諸表を作成するうえで，利益計算に直結する重要な手続であり，消去すべき未実現利益をいかに正確かつ迅速に算定するかが，実務上の課題となります。

　しかしながら，連結グループが保有する膨大な棚卸資産から，消去すべき未実現利益を正確に算定することは，大変難しい作業であるため，入念な事前準備が欠かせません。ここでは，事前準備をするうえで，実務上着目すべき3つのポイントを紹介したいと思います。

Point ①　どのグループ会社が，どの在庫を保有しているか？

　連結グループ会社のうち，どの会社がどのような在庫を保有しており，それはどこから購入された在庫なのかを把握しなければ，未実現利益消去の対象となる在庫を網羅することはできません。

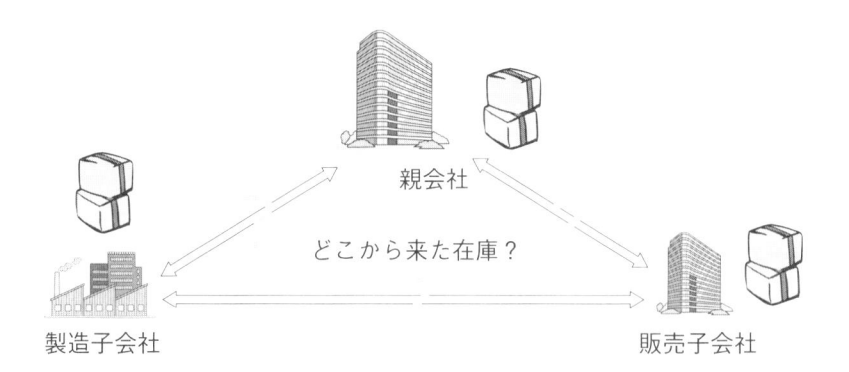

親会社
どこから来た在庫？
製造子会社　　　　　　　　　　　　　販売子会社

　そのため，連結グループ全体の商流を正確に理解する必要があります。

Point ② どのグループ会社がどれだけ利益を付加しているか？

例えば、親会社から原材料を仕入れて、製造子会社が製品を生産し、それを販売子会社に販売している場合、販売子会社が保有する製品在庫には、親会社と製造子会社がそれぞれ付加した未実現利益が含まれます。

そのため、各グループ会社が保有している在庫のうち、どの会社がどのように利益を付加しているのかを把握する必要があります。

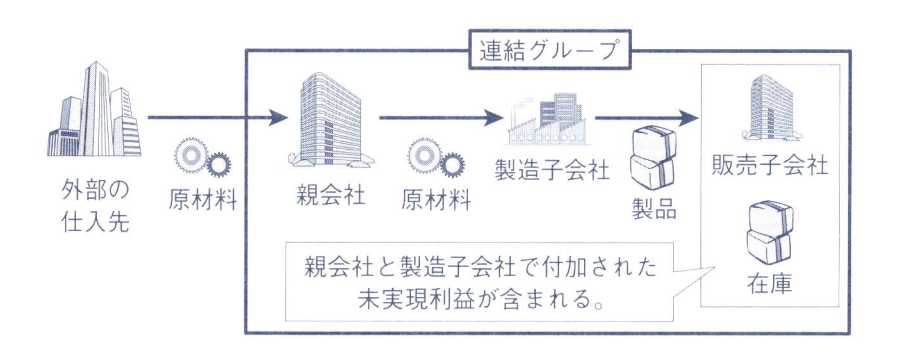

Point ③ 商品群別の粗利率をどのように把握するか？

実務上、付加された未実現利益を個々の商品ごとに算定するのは困難です。このため、商品をある程度のカテゴリーに分類し、カテゴリー別に算定された粗利率を対象在庫の金額に乗じることで、未実現利益を算定するなどの工夫が行われます。

商品群別の粗利率をどのように把握するか？

商品A 商品B	商品C 商品D	商品E 商品F
カテゴリーⅠ	カテゴリーⅡ	カテゴリーⅢ

4-6 固定資産の未実現利益消去①

売買取引によって生じた未実現利益を消去する

> 連結グループ会社間の固定資産の売買取引によって生じた未実現利益についても、棚卸資産の場合と同様に、未実現利益を消去する必要があります。

親会社P社が保有する土地付き建物200(土地：100, 建物100)を、子会社S社に400(土地200, 建物200)で売却した場合

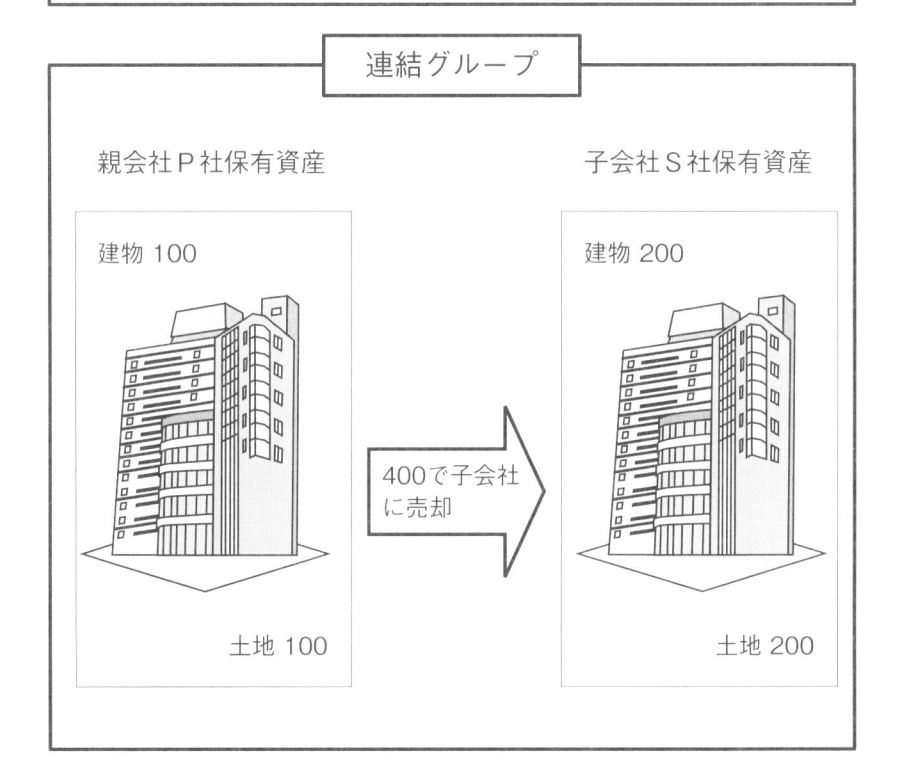

連結グループ

親会社P社保有資産

建物 100

土地 100

400で子会社に売却 →

子会社S社保有資産

建物 200

土地 200

■固定資産を連結グループ会社に売却した場合■

　固定資産を連結グループ会社に売却した場合に生じた利益が，期末時点において未実現であれば，棚卸資産と同様に消去する必要があります。

　親会社が保有していた固定資産を子会社に売却し，子会社の固定資産として計上されている場合，連結グループ全体を一体として考えると，固定資産の所有者の名義が親会社から子会社に変更されただけで，連結グループとして継続して保有している事実に変わりありません。

　そのため，連結財務諸表においては，親会社で計上された売却益を子会社に計上されている固定資産から，消去する必要があります。

■子会社の保有する固定資産に含まれる未実現利益を消去する■

　親会社が保有する土地付き建物200万円（土地：100万円，建物100万円）を，子会社に400万円で売却し，子会社は期末まで保有しています。売却価額の内訳は，土地が200万円，建物が200万円です。

　この場合，建物で計上された売却益100万円と，土地で計上された売却益100万円をそれぞれ取り消し（借方），建物と土地の帳簿価額からそれぞれ同額減額する処理（貸方）を行うことになります。

（借方）固定資産売却益(P/L) 200万円	（貸方）土　地 (B/S) 100万円
	建　物 (B/S) 100万円

One more

担保資産の注記

　銀行から借入をするために，土地や建物を担保に入れることがあります。この場合，財務諸表にその資産が担保に入っている実態を明らかにするために担保資産の金額を注記する必要があります。この土地や建物に未実現利益が含まれている場合，連結上の注記金額は，未実現利益の消去額を調整する必要があります。

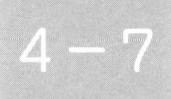

4-7 固定資産の未実現利益消去②
償却資産の場合の利益の実現

☞ 未実現利益として消去された償却資産の売却益は，減価償却により，耐用年数にわたり実現していくとみなします。

子会社S社保有資産

建物に付された未実現利益100は，減価償却により，耐用年数にわたり実現するとみなします。

建物の取得価額
　200（うち未実現利益100）

土地の取得価額
　200（うち未実現利益100）

土地に付された未実現利益100は，土地のグループ外部への売却や減損が行われない限り，実現しません。

土地と建物で取扱いが違うのか…

■土地と償却資産との相違■

　土地は売却や減損が行われない限り、同額のまま維持されます。これに対して、建物などの償却資産は、減価償却が行われるため、耐用年数にわたり、帳簿価額が毎期減少していきます。

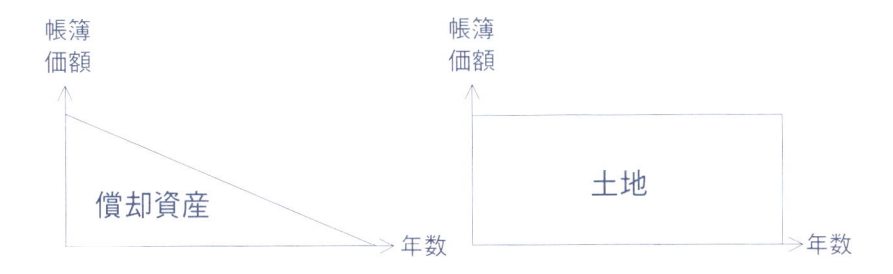

　土地の売買から生じた未実現利益は、土地がグループ外に売却されたり、減損が行われたりしない限り実現することはありません。これに対して、建物などの償却資産に含まれる未実現利益は、償却資産の減価償却により実現していきます。

■減価償却を行うにつれて実現するとみなす■

　親会社から子会社に×0年期末に売却された建物（耐用年数10年、残存価額ゼロ、定額法）の子会社における帳簿価額は200万円であり、うち100万円は親会社が付加した未実現利益です。

　この場合、売却年度においては、未実現利益の消去として建物に含まれる100万円が消去されます。この未実現利益100万円が減価償却を行うにつれて実現するという意味は、次ページの図のように理解することができます。

A　連結上あるべき建物の帳簿価額と減価償却費の推移
（売却益の計上がなかったものとした場合）

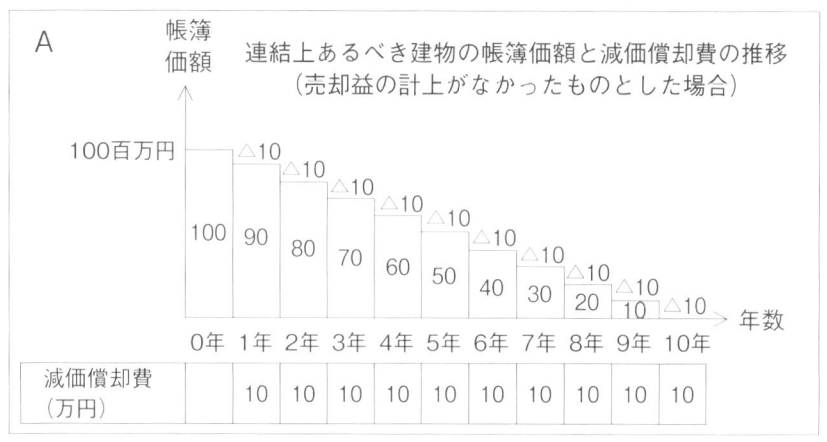

帳簿価額（縦軸）：100百万円から開始

年数	0年	1年	2年	3年	4年	5年	6年	7年	8年	9年	10年
帳簿価額	100	90	80	70	60	50	40	30	20	10	-
減価償却費（万円）		10	10	10	10	10	10	10	10	10	10

各年の減少：△10

B　合算財務諸表における建物の帳簿価額と減価償却費の推移

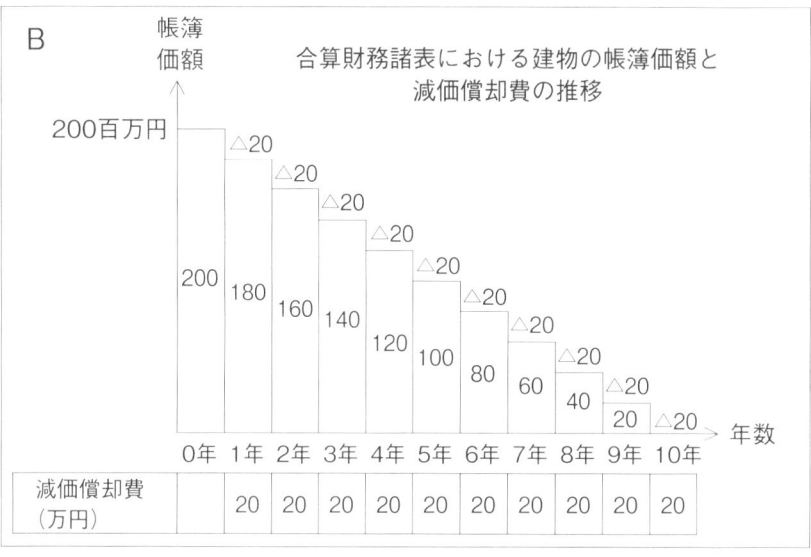

帳簿価額（縦軸）：200百万円から開始

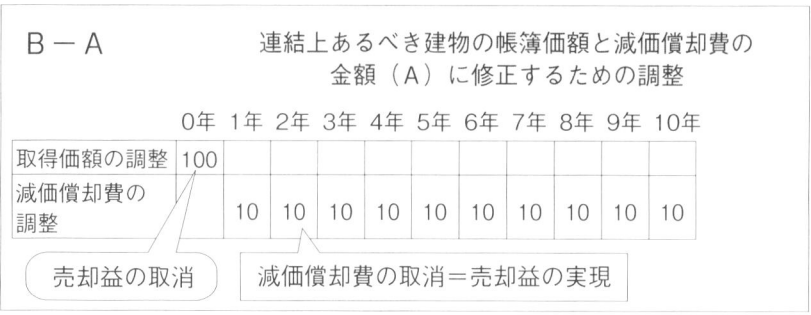

年数	0年	1年	2年	3年	4年	5年	6年	7年	8年	9年	10年
帳簿価額	200	180	160	140	120	100	80	60	40	20	-
減価償却費（万円）		20	20	20	20	20	20	20	20	20	20

各年の減少：△20

B－A　連結上あるべき建物の帳簿価額と減価償却費の金額（A）に修正するための調整

	0年	1年	2年	3年	4年	5年	6年	7年	8年	9年	10年
取得価額の調整	100										
減価償却費の調整		10	10	10	10	10	10	10	10	10	10

取得価額の調整100 → 売却益の取消

減価償却費の取消 ＝ 売却益の実現

■連結上あるべき建物の毎年の帳簿価額■

連結上あるべき建物の毎年の帳簿価額は，親会社で計上した売却益の計上がなかったものとして計算した場合の推移となります（左図A）。もともと親会社で計上していた帳簿価額100万円は，耐用年数10年の定額法で減価償却していきます。毎年100万円÷10年＝10万円の減価償却費が計上され，その分だけ建物の帳簿価額が減少します。

■合算財務諸表における建物の毎年の帳簿価額■

これに対して，単純合算における建物の帳簿価額は，子会社における帳簿価額の推移がそのまま反映されています（左図B）。子会社は親会社から200万円で建物を取得し，耐用年数10年の定額法で減価償却を実施していくため，毎年，200万円÷10年＝20万円の減価償却費が計上され，その分だけ建物の帳簿価額が減少していきます。

■連結上必要な調整■

連結上必要な調整は，単純合算の金額である図表Bをあるべき金額である図表Aに修正するものです。売却年度に売却益（利益）100万円を取り消した後，その後は，耐用年数10年にわたって，減価償却費（費用）を10万円ずつ取り消していくことになります（左図B－A）。この減価償却費という費用の取消が，未実現利益であった売却益の実現処理であると考えることができます。

```
×0年の仕訳
（借方）固定資産売却益(P/L)  100万円　（貸方）建　物（B/S）  100万円
×1年以降の仕訳
（借方）建　物（B/S）  10万円　（貸方）減価償却費(P/L)  10万円
```

COFFEE BREAK

連結情報の収集

　連結財務諸表を作成するには，材料，すなわち各社の個別財務諸表が必要です。単純合算をするための財務諸表数字はもちろんのこと，連結財務諸表作成に必要となるさまざま情報を集めなければなりません。

　連結財務諸表には，連結貸借対照表や連結損益計算書などの財務諸表そのものの部分だけでなく，その内容を補足したり，より一層理解するために，有価証券やデリバティブなどの保有状況を示す金融商品に関する注記や退職給付に関する注記，繰延税金資産の内訳などを表す税効果会計に関する注記，それから関連当事者との取引に関する注記などのたくさんの注記情報も含まれます。そのため，これらの注記を記載するための情報も子会社から収集しなければなりません。

　また，取引消去や債権債務消去など連結仕訳を行う際に必要な，連結グループ内の取引高などの情報も当然必要です。これらの情報を効率よく迅速に集めるために，事前にフォーマットを作成して収集方法や記載内容について連結グループ内で合意しておくことが重要です。

　これらは，一般的に「連結パッケージ」などと呼ばれ，紙の書類だったり，電子ファイルだったりすることがありますが，連結財務諸表のスタートは，各社の情報収集から始まります。

第5章 持分法の考え方

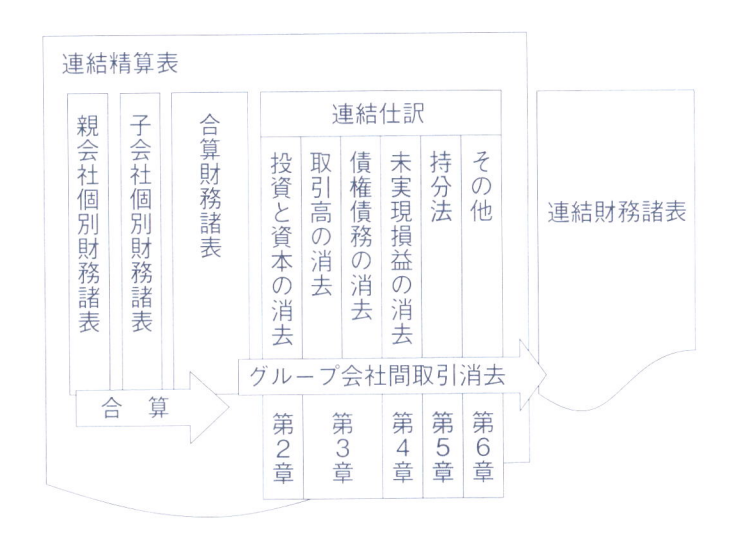

連結精算表

親会社個別財務諸表 + 子会社個別財務諸表 → 合算 → 合算財務諸表

連結仕訳
- 投資と資本の消去
- 取引高の消去
- 債権債務の消去
- 未実現損益の消去
- 持分法
- その他

グループ会社間取引消去

第2章／第3章／第4章／第5章／第6章

→ 連結財務諸表

　前章までで，連結子会社の連結仕訳の主要なものの学習は終わりました。
　この章は会社と会社の財務諸表を合算する連結法と異なる，持分法という手法を見ていきましょう。

5-1 連結法のおさらい
連結とは合算と相殺消去

☞ この章では、持分法について学んでいきます。その前に、これまで説明してきた連結法の考え方について、簡単に整理しましょう。

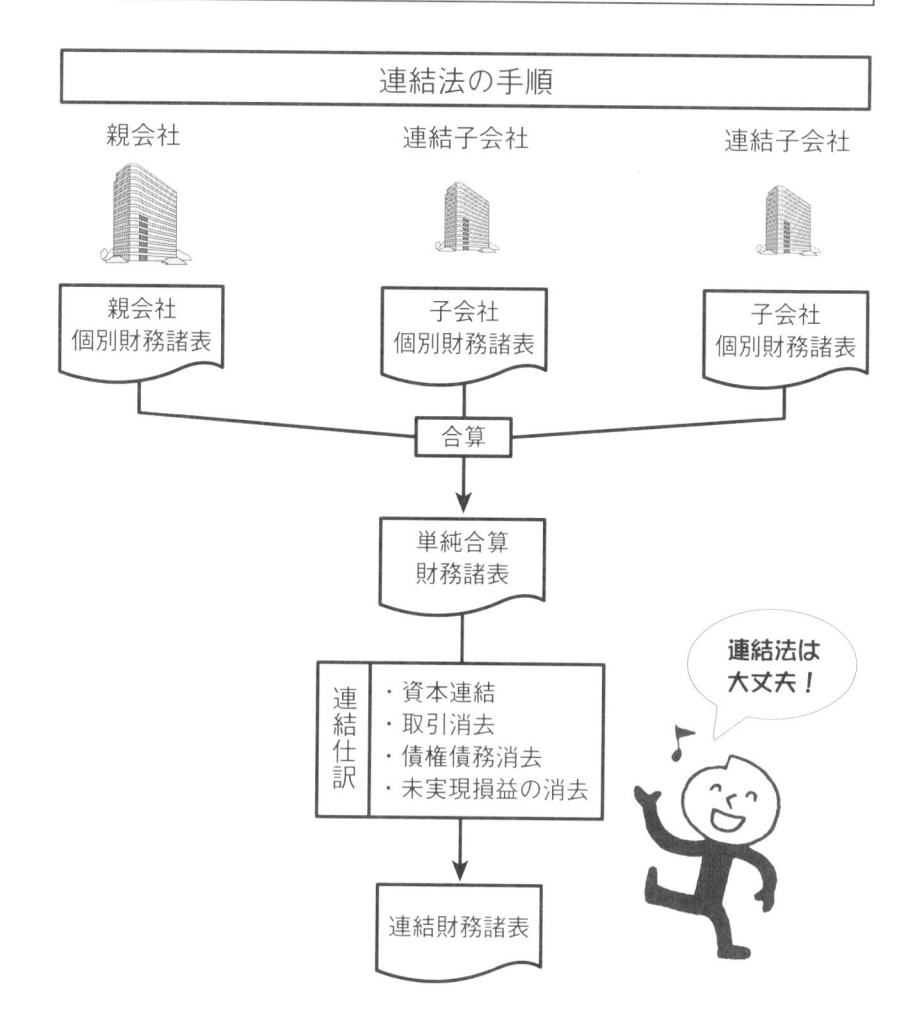

連結法の手順

親会社 → 親会社個別財務諸表
連結子会社 → 子会社個別財務諸表
連結子会社 → 子会社個別財務諸表

↓ 合算

単純合算財務諸表

↓

連結仕訳
- 資本連結
- 取引消去
- 債権債務消去
- 未実現損益の消去

↓

連結財務諸表

連結法は大丈夫！

■連結法の考え方■

「連結法」というのはこの本で初めて使う言葉ですね。これまでに説明してきたような、親会社と子会社の財務諸表を合算し、連結仕訳を行って連結財務諸表を作成する方法を、この章で説明する「持分法」との対比で「連結法」と呼んでいます。連結法の大きな目的は、グループ全体としての業績や財産の状態を開示することでした。

■連結法はフルスペック開示■

連結財務諸表は、親会社と子会社の個別財務諸表を単純に合算するだけでは作れません。連結仕訳によって、子会社の資産と負債を時価評価したうえで投資と資本の相殺消去を行い、連結グループ間の取引高や債権債務残高を消去し、未実現損益を消去することで、合算と相殺消去の結果として連結財務諸表が作られます。

このように作られた連結財務諸表は、連結グループの資産や負債、資本などの財産の状況や、売上や売上原価、販売費及び一般管理費から当期利益までのグループの業績を網羅的に把握できます。いわばフル（完全）スペックの財務情報を入手することができる方法といえます。

> **Keyword**
>
> **投資会社と被投資会社**
> この章では、投資会社と被投資会社を次の意味で使用しています。
> ①投資会社：ある会社の株式を所有している会社で、例えば「親会社」や、「関連会社の株式を所有している会社」が該当します。
> ②被投資会社：ある会社に自社の株式を所有されている会社で、例えば「子会社」や「関連会社」が該当します。親会社を通常P社というのに対し、関連会社は、通常A社といいます。これは、Associate Company の頭文字をとったものです。

5-2 持分法の考え方
被投資会社に対する持分だけを反映

☞ 「持分法」では，被投資会社の業績や純資産の動きのうち投資会社の持分割合に対応する部分だけを，連結財務諸表に反映させます。

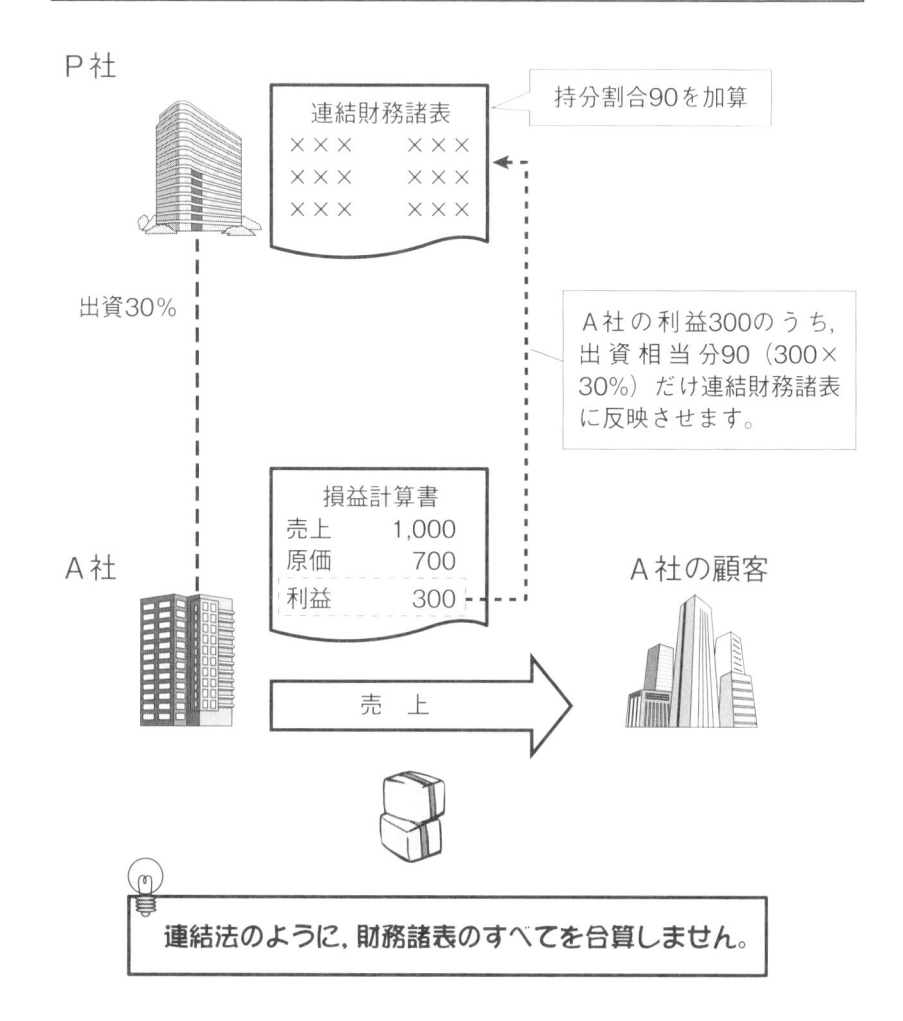

P社

連結財務諸表
×××　×××
×××　×××
×××　×××

持分割合90を加算

出資30％

A社の利益300のうち，出資相当分90（300×30％）だけ連結財務諸表に反映させます。

A社

損益計算書
売上　　1,000
原価　　　700
利益　　　300

売上 → A社の顧客

💡 連結法のように，財務諸表のすべてを合算しません。

■連結法と持分法の違い■

持分法では，連結法のように被投資会社の財務諸表の全部を合算することはしません。被投資会社の業績や純資産の動きのうち，投資会社の出資に対応する部分（持分部分）だけを，投資有価証券（関連会社株式）を通して連結財務諸表に反映させます。

■親会社の持分部分に相当する利益だけを取り込む■

P社がA社に出資しているとします。A社は商品をお客さんに販売した結果，売上と売上原価の差額として利益を獲得しました。

連結法の場合，売上と売上原価を連結財務諸表に加算します。また，利益のうち，非支配株主の持分割合を控除します。その結果，最終的に連結財務諸表に計上される利益は，P社の持分割合のみとなります。

一方，持分法では，売上と売上原価を連結財務諸表に加算しません。その代わり，利益のうちP社の持分割合だけを，連結財務諸表に加算します。

連結法と持分法では手続が異なりますが，連結財務諸表に反映される最終的な利益は，連結法でも持分法でも，ともに持分割合となります。

One more

完全連結と一行連結

連結法は，連結グループ各社の財務諸表を勘定科目ごとに合算して作成するため，完全連結（ライン・バイ・ライン・コンソリデーション）といわれます。一方，持分法は，被投資会社の業績や純資産の動きのうち，投資会社の持分に対応する分だけを，投資有価証券勘定をとおして反映するため，一行連結（ワン・ライン・コンソリデーション）といわれます。持分法の開示は簡略化されていますが，当期損益や純資産に与える影響は同じになります。

5-3 持分法の適用範囲
持分法は,どんな会社に使うの?

☞ 持分法は,関連会社や例外的に連結の範囲に含めなかった子会社(非連結子会社)に対して適用します。

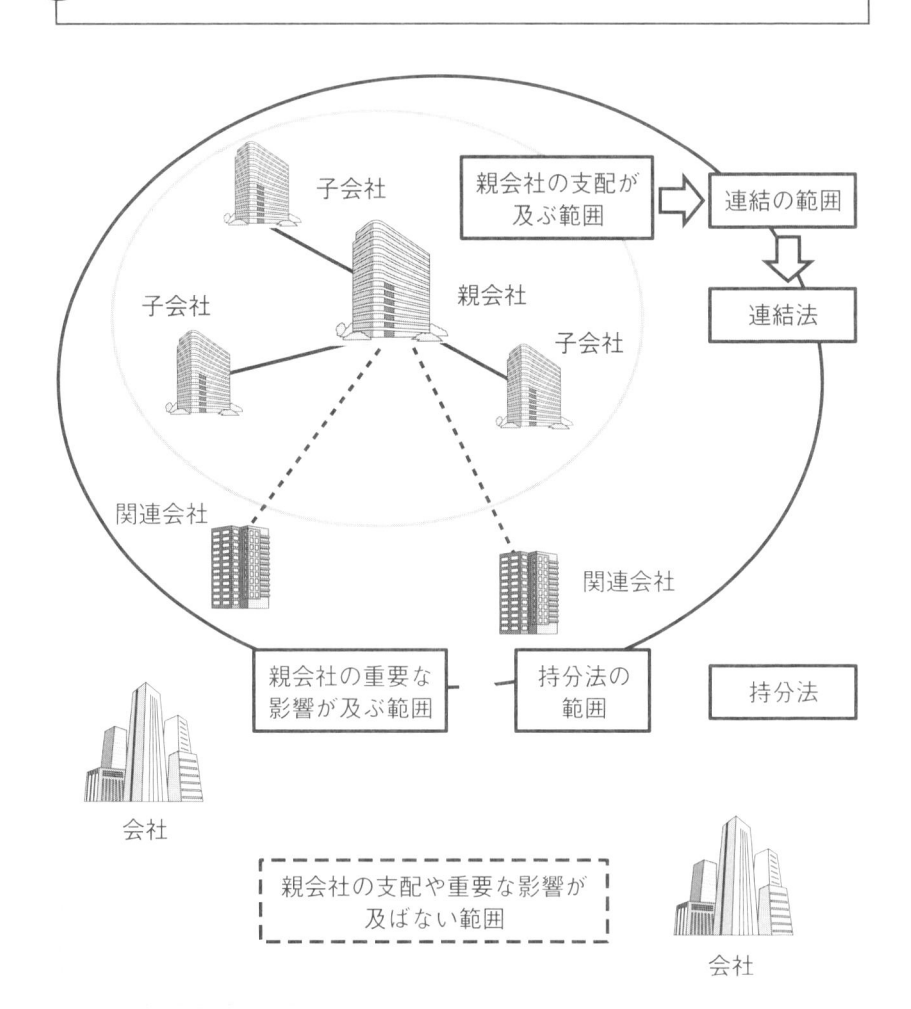

子会社

子会社　親会社　子会社

親会社の支配が及ぶ範囲 → 連結の範囲 → 連結法

関連会社　関連会社

親会社の重要な影響が及ぶ範囲 — 持分法の範囲　　持分法

会社

親会社の支配や重要な影響が及ばない範囲

会社

■持分法の適用範囲■

　関連会社に対しては，持分法を適用します。関連会社とは，投資会社が出資などの関係を通じて，その会社の会社運営に重要な影響を与えることのできる会社をいいます。子会社のように，親会社から経営を支配されているというほどの状態ではありませんが，経営方針を決定する際に，投資会社から重要な影響を受けるような会社です。

■持分法を適用しないケース■

　短期間で売却することが明らかな場合のように，所有が一時的なケースは，持分法の適用にはなりません。
　また，持分法を適用しなくても，連結財務諸表にさほど影響がないようであれば，持分法を適用する必要はありません。

> **One more**

非連結子会社

　非連結子会社とは，子会社ではあるものの，連結の範囲に含めなかった子会社のことをいい，①連結の範囲に含めてはいけない会社と，②連結の範囲に含めなくてもよい会社があります。
① 　連結の範囲に含めてはいけない会社
　取得した子会社株式をすぐ売却する計画がある場合など，所有が一時的な会社は，連結の範囲に含めると逆に財務諸表の利用者に誤解を与える恐れがありますので，連結の範囲に含めてはいけません。
② 　連結の範囲に含めなくてもよい会社
　連結の範囲に含めなくても，連結財務諸表にさほど影響がないようであれば，連結の範囲に含めなくてよいとされています。ただし，持分法は適用しなければなりません。なお，持分法を適用するほどにも重要性がない場合，持分法をも適用する必要はありません。

5-4 関連会社
支配と重要な影響の違い

> 関連会社とは，投資会社が議決権行使や人の繋がり，多額の資金の貸付けなどを通じて，会社運営に重要な影響を与えることのできる会社をいいます。まずは，20％以上，50％以下というフレーズで覚えましょう。

【子会社の場合】

賛成！ 反対！

P社　　　　　その他の株主
60票　：　　　40票
P社だけで可決できる　⇒P社はS社を『支配』している

【関連会社の場合】

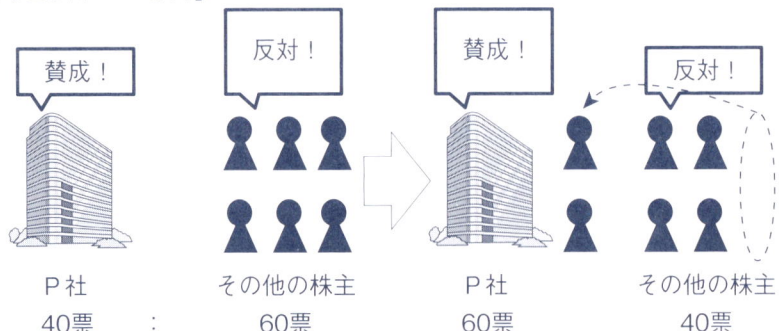

賛成！　反対！　　賛成！　反対！

P社　　　その他の株主　　P社　　　その他の株主
40票　：　　60票　　　　60票　　　　40票
P社だけでは否決されるが，他の株主が賛成すれば可決できる
　⇒P社はS社に対して『重要な影響』がある

■関連会社は「重要な影響」■

　関連会社は，投資会社から会社運営に重要な影響を受ける会社をいいます。子会社の場合における「支配」と，関連会社における「重要な影響」とは何が違うのでしょうか。

■議決権20%以上，50%以下で重要な影響■

　経営方針を承認する株主総会の決議において，議決権を20%以上50%以下の割合で持っている場合，重要な影響があると判定されます。
　議決権の過半数を持っているわけではありませんので，意思決定機関を意のままにコントロールすることはできません。しかし，20%以上の議決権があれば，大株主として発言力はそれなりに強いので，他の株主の賛同により議案を左右しやすくなります。経営陣はその発言を無視できない，という点で，経営方針の決定に「重要な影響」があるといえます。

■その他の関係による重要な影響■

　連結子会社の範囲の説明の中で，議決権の過半数を所有していなくても行使の際に賛同者がいるなど実質的に支配の実態がある場合には，連結子会社となるという話をしました。関連会社においても，同様です。議決権の所有割合が15%以上20%未満であっても，実質的に重要な影響を与えることができるのであれば，関連会社となります。
　例えば，投資会社の意思決定に影響力のある役員が，被投資会社の社長である場合，投資会社の意思が被投資会社の経営にも反映されやすくなることから，重要な影響を与えている事実があるといえます。そのほか，被投資会社に相当多額の融資や重要な商品を販売しているような場合も，この事実に該当する可能性が高くなります。

5−5 持分法の必要性
持分法を適用するわけとは？

☞ 関連会社や非連結子会社の業績を，企業グループの連結財務諸表に適切に反映させるために，持分法を適用します。

【運用目的で株式を取得した場合】

10%出資 →

個別財務諸表　　　　　　　　個別財務諸表

100万円の配当金受取 ← 1,000万円の配当金支払

投資の成果は100万円

【関連会社の場合（持分比率30%）】

30%出資 →

連結財務諸表　　　　　　　　個別財務諸表

投資の成果は1,000万円のうち，持分比率（30%）に相当する300万円 ← 1,000万円の利益を獲得

💡 投資の成果300万円は持分法により連結財務諸表に反映させる

■関連会社■

一般的に株式を運用する場合、配当金の受取りや売却による利ざやが、投資の成果といえるでしょう。しかし、関連会社のように経営に深く関与している場合には、その会社の利益を増加させることによって、企業グループ全体の利益を増加させることが、投資の成果といえます。

ただ、会社を支配しているわけではないため、連結の範囲に含めて財務諸表を合算させるべきではありません。したがって、財務諸表は合算させずに、投資の成果を連結法と同じように連結財務諸表に反映させることのできる持分法によることが必要なのです。

■非連結子会社■

非連結子会社は、連結子会社としては重要性が乏しいため連結の範囲に含めないとしたものですが、親会社がその会社を支配しているという事実に変わりありません。このため、連結子会社とはならなかったとしても、原則として業績を連結法と同じように連結財務諸表に反映させることのできる持分法を適用することが必要です。

One more

関連会社の関連会社？

持分法は、関連会社の個別財務諸表をもとに計算されるのですが、関連会社A1社が子会社S1社や関連会社A2社を所有しているケースもあります。その関連会社が所有しているS1社やA2社は、連結や持分法適用の範囲に含まれません。しかし、S1社やA2社の損益や剰余金が連結財務諸表に重要な影響を与える場合には、S1社やA2社の損益を持分法適用会社であるA1社の損益に含めて計算する必要があります。

5-6 持分法の会計処理
持分法の処理は4種類

☞ 持分法では,「当期純利益の按分」「配当金の消去」「未実現損益の消去」「投資差額の償却」の4種類の処理が基本です。

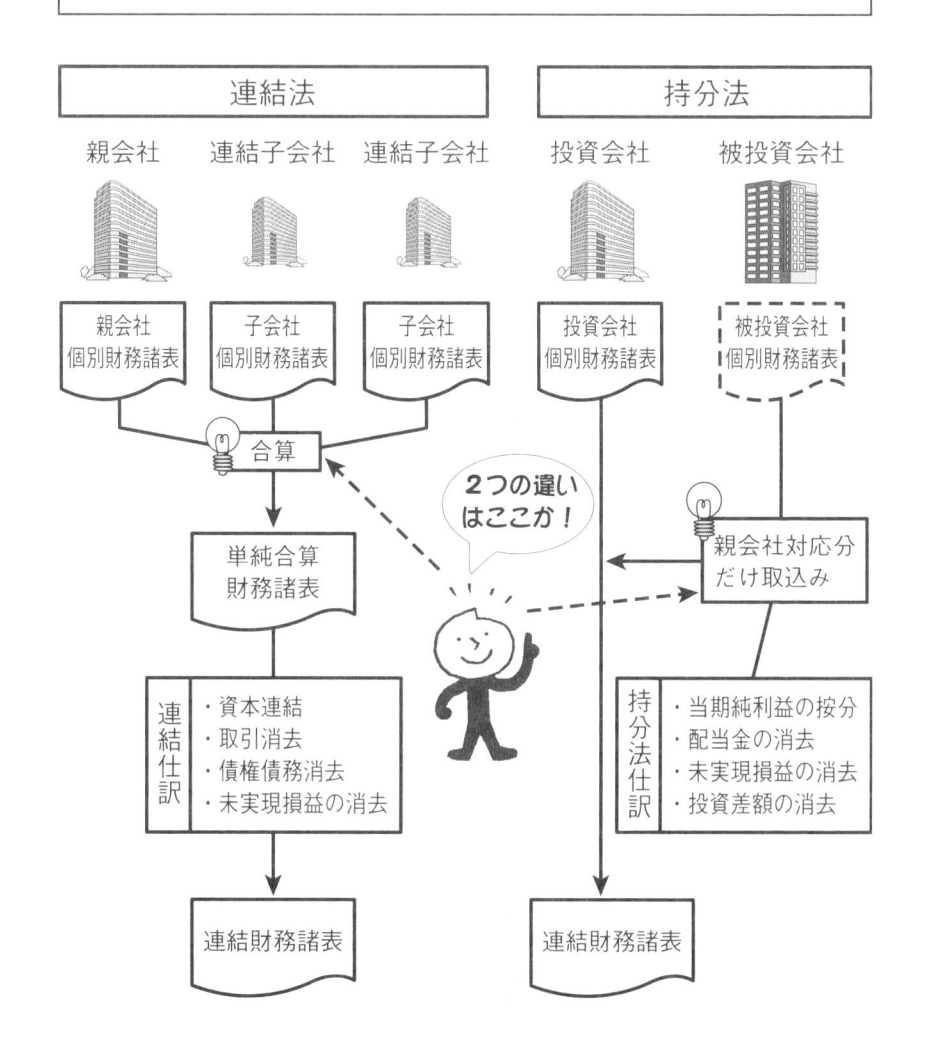

連結法

親会社 / 連結子会社 / 連結子会社

親会社個別財務諸表 / 子会社個別財務諸表 / 子会社個別財務諸表

→ 合算 → 単純合算財務諸表

連結仕訳
・資本連結
・取引消去
・債権債務消去
・未実現損益の消去

→ 連結財務諸表

持分法

投資会社 / 被投資会社

投資会社個別財務諸表 / 被投資会社個別財務諸表

→ 親会社対応分だけ取込み

持分法仕訳
・当期純利益の按分
・配当金の消去
・未実現損益の消去
・投資差額の消去

→ 連結財務諸表

2つの違いはここか!

■持分法の会計処理■

持分法では，関連会社の業績や純資産の変動のうち，親会社の持分比率に対応した金額（持分相当額）を，「持分法による投資損益」という科目と「投資有価証券（関係会社株式）」を使って連結財務諸表に反映させます。「持分法による投資損益」は損益計算書の営業外収益・営業外費用の区分に計上されます。

仕訳の種類としては，「当期純利益の按分」「配当金の消去」「未実現損益の消去」「投資差額の償却」があります。

■当期純利益の按分■

関連会社が獲得した利益のうち，親会社の持分比率分を，親会社の利益として計上します。

■配当金の消去■

関連会社から配当金を受け取った場合，受取配当金と投資有価証券を相殺します。

■未実現損益の消去■

親会社と関連会社の間に発生した未実現損益を消去します。

■投資差額の償却■

親会社の投資額と関連会社の資本（純資産）との間に差額（投資差額）がある場合，その差額は連結法と同様にのれんとなり，その償却額を持分法による投資損益として償却します。

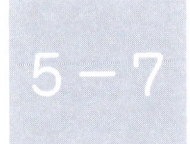

5-7 当期純利益の按分
投資会社の持分だけの利益の取込み

☞ 関連会社が獲得した利益のうち、親会社の持分比率に対応する部分を、投資会社の利益として計上します。

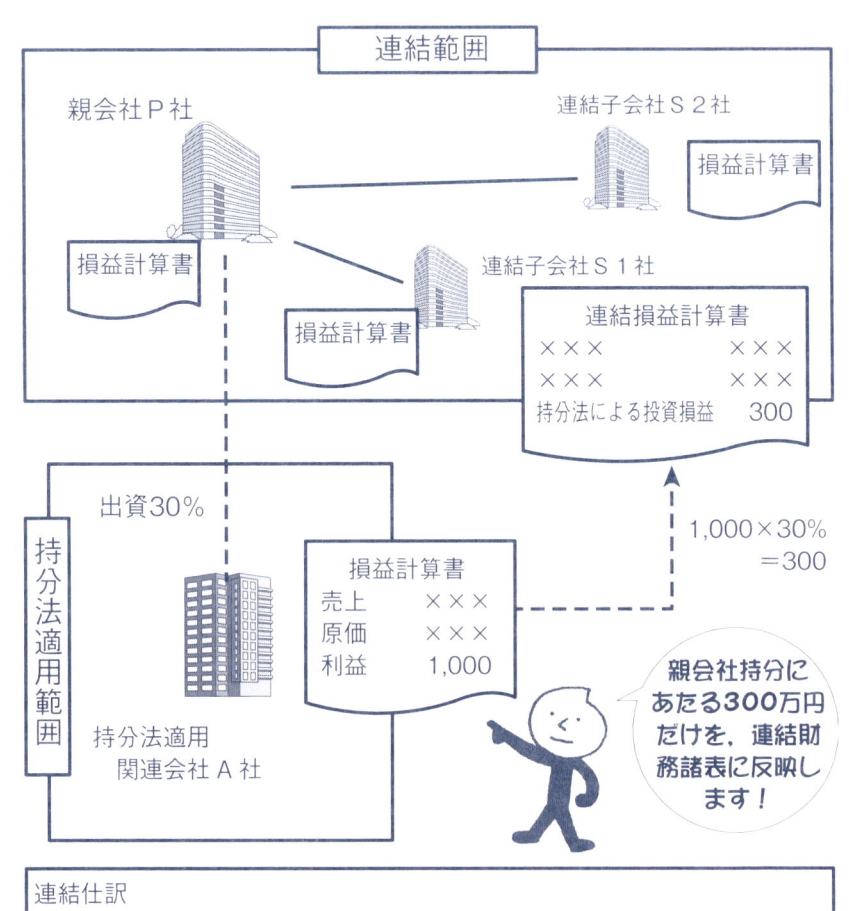

【連結範囲】
- 親会社P社（損益計算書）
- 連結子会社S1社（損益計算書）
- 連結子会社S2社（損益計算書）

連結損益計算書
×××　　×××
×××　　×××
持分法による投資損益　　300

【持分法適用範囲】
出資30％
持分法適用関連会社A社

損益計算書
売上　×××
原価　×××
利益　1,000

1,000×30％＝300

親会社持分にあたる300万円だけを、連結財務諸表に反映します！

連結仕訳
（借方）投資有価証券　　300　（貸方）持分法による投資損益　　300

■連結法の場合の当期純利益の按分■

　連結法は財務諸表の合算ですので，子会社の売上や売上原価，販売費及び一般管理費から特別損益項目などの収益および費用のすべてが，親会社の収益および費用と合算されます。

　当期純利益のうち非支配株主に帰属する部分については，「非支配株主に帰属する当期純利益」により非支配株主持分に振り替えて，企業グループとしての当期純利益を算定します。

■持分法の場合の当期純利益の按分■

　連結法と異なり，関連会社の収益および費用を合算しません。関連会社が計上した当期純利益のうち，親会社の持分比率に対応する部分だけを，「持分法による投資損益」という損益科目を使って，関連会社株式（投資有価証券）を増額します。

　なお，関連会社が当期純損失を計上した場合には，「持分法による投資損益」によって，関連会社株式（投資有価証券）を減額します。

■連結法と持分法との仕訳の比較■

　被投資会社（持分比率30％）が1,000万円の利益を計上した場合で，連結法と持分法を比較すると次のようになります。

連結法	（借方）非支配株主に帰属　700万円　（貸方）非支配株主持分(B/S)　700万円 　　　　する当期純利益	
	当期純利益1,000万円×非支配株主の持分比率70％	
持分法	（借方）投資有価証券(B/S)　300万円　（貸方）持分法による　300万円 　　　　　　　　　　　　　　　　　　　　　　　　投資損益（P/L）	
	当期純利益1,000万円×親会社の持分比率30％	

138

5-8 配当金の消去
配当による二重取りの回避

☞ 関連会社から配当金を受け取った場合，その受取配当金を消去するとともに関連会社株式（投資有価証券）を減額します。

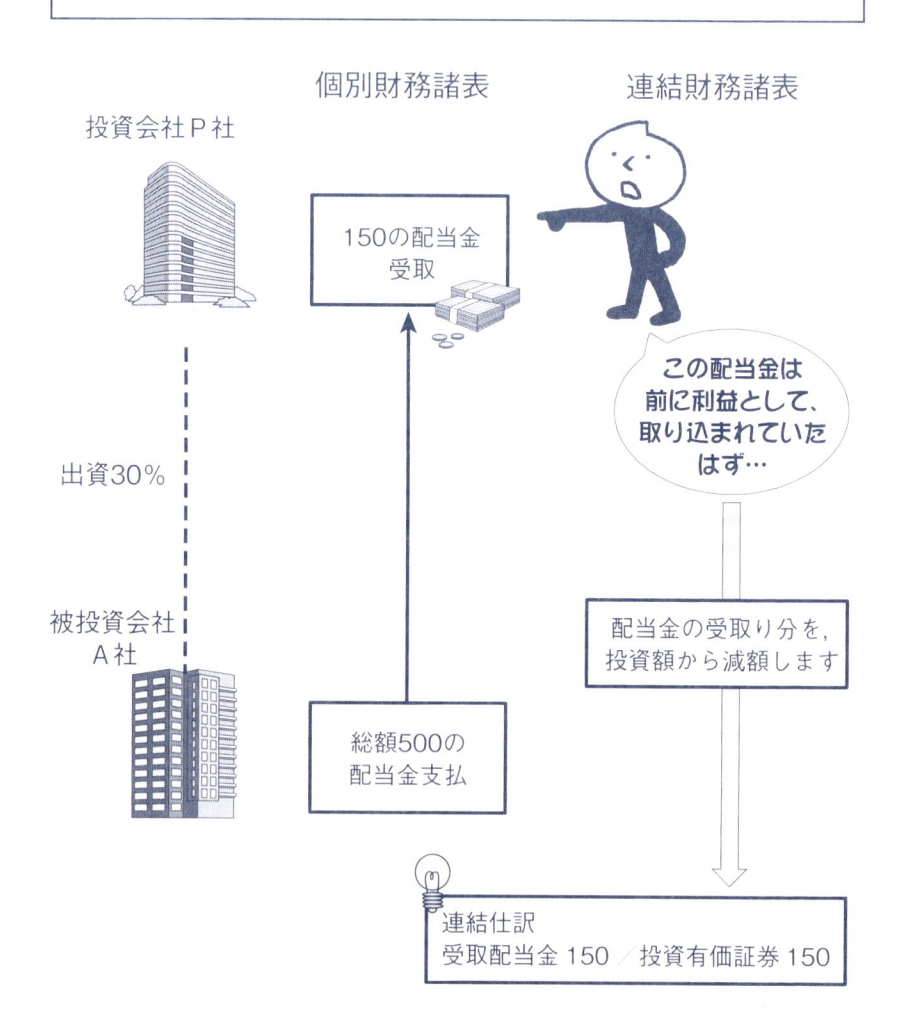

個別財務諸表　　　連結財務諸表

投資会社P社

150の配当金受取

出資30%

被投資会社A社

総額500の配当金支払

この配当金は前に利益として、取り込まれていたはず…

配当金の受取り分を，投資額から減額します

連結仕訳
受取配当金 150 ／ 投資有価証券 150

■連結法の場合の配当金の処理■

子会社の剰余金の配当としての「支払配当金」と、親会社の「受取配当金」を相殺消去します。非支配株主がいる場合、非支配株主持分相当額は、「非支配株主持分」と相殺消去します。

■持分法の場合の配当金の処理■

親会社の財務諸表に計上されている関連会社から受け取った受取配当金は、過去に関連会社が獲得した利益が源泉です。そのため、その獲得時点で「持分法による投資損益」として連結損益計算書に計上され、連結剰余金に含まれています。

親会社が配当を受け取ると、個別財務諸表において受取配当金として計上されるわけですが、連結上その受取配当金を計上したままにすると、過去と現在で利益が二重に計上されることになります。そのため、受取配当金は消去する必要があります。一方、関連会社は配当金を支払ったことにより剰余金は減少していますので、その減少を関連会社株式（投資有価証券）の減少として認識します。

■連結法と持分法との仕訳の比較■

被投資会社（持分比率30％）が500万円の配当金を実施した場合で、連結法と持分法を比較すると次のようになります。

連結法	（借方）受取配当金(P/L)　　150万円 　　　　非支配株主持分(B/S)　350万円	（貸方）支払配当金(S)	500万円
持分法	（借方）受取配当金(P/L) 150万円(*1) (*1)配当金500×持分比率30％	（貸方）投資有価証券(B/S)	150万円

5-9 未実現利益の消去(ダウンストリーム)
親会社の売上から未実現利益を消去

> 親会社から関連会社へ販売されるダウンストリームの場合、親会社の持分相当額の売上高を修正することにより、未実現利益を消去します。

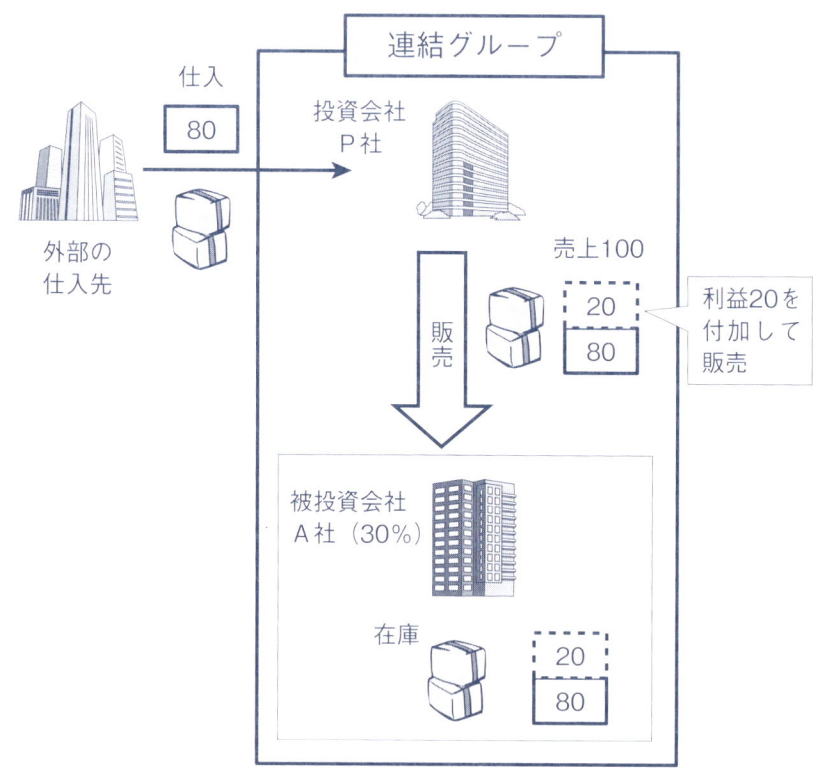

連結グループ

仕入 80

投資会社 P社

外部の仕入先

売上100
利益20を付加して販売
20
80

販売

被投資会社 A社（30%）

在庫
20
80

未実現利益20のうち、持分相当額6（20×30%）を消去します。
（借方）売上高　　6　　　（貸方）投資有価証券　　6

■連結法の場合のダウンストリームの会計処理■

親会社から子会社へ販売されるダウンストリームの場合、子会社が保有する在庫に含まれる未実現利益はその全額を消去します。

■持分法の場合のダウンストリームの会計処理■

親会社から関連会社へ販売される場合、関連会社が保有する在庫に含まれる未実現利益は、親会社の持分相当額のみ消去します。関連会社については、他の支配株主が存在するといったことが考えられるため、親会社以外の持分に相当する部分は、実現していると考えます。

仕訳は、親会社の売上高を修正するとともに、関連会社の株式（投資有価証券）を減額します。

■連結法と持分法との仕訳の比較■

親会社（持分比率30%）が外部から80万円で仕入れた商品に、利益20万円を付加して100万円で関連会社A社に販売し、A社が在庫として保有している場合で、連結法と持分法を比較すると次のようになります。

連結法	（借方）売上原価（P/L）　20万円	（貸方）棚卸資産（B/S）　20万円
持分法	（借方）売　上　高（P/L）　6万円[*1]	（貸方）投資有価証券(B/S)　6万円
	[*1] 未実現利益20×持分比率30%		

> **One more**
>
> **非連結子会社の場合**
> 買手が持分法適用非連結子会社の場合には、連結子会社と同じように、未実現利益を『全額』消去します。
> 　例：未実現利益20万円の場合
>
> | | |
> |---|---|
> | （借方）売　上　高（P/L）　20万円 | （貸方）投資有価証券(B/S)　20万円 |

5-10 未実現利益の消去（アップストリーム）
投資会社の棚卸資産から未実現利益を消去

☞ 関連会社から投資会社へ販売されるアップストリームの場合，棚卸資産を修正することにより，未実現利益を消去します。

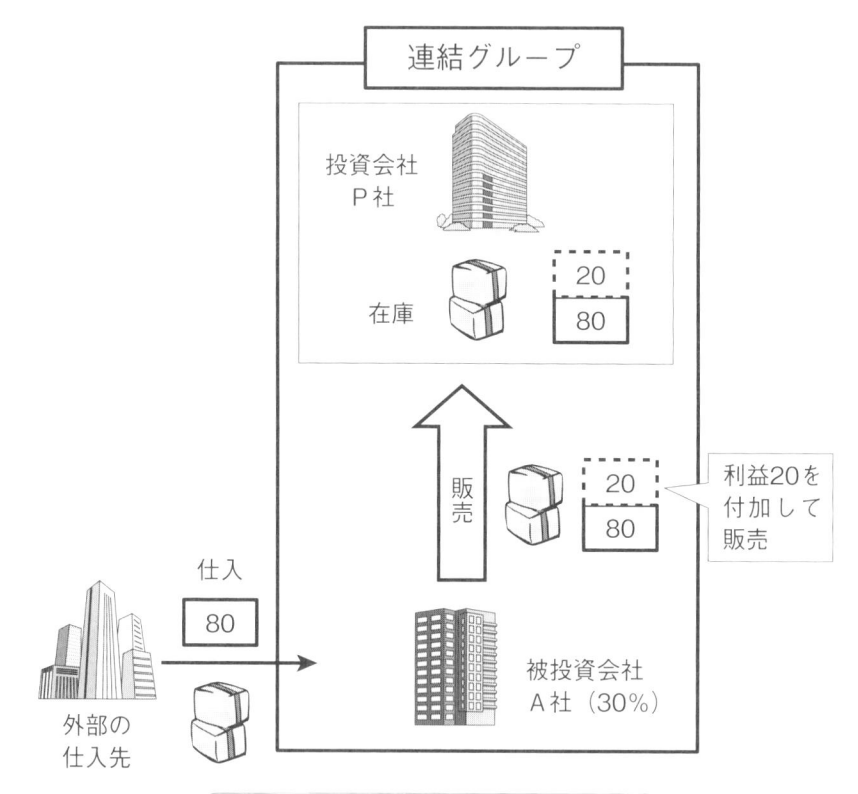

【連結グループ】

投資会社 P社
在庫 20 / 80

販売（利益20を付加して販売） 20 / 80

被投資会社 A社（30%）

外部の仕入先 → 仕入 80

未実現利益20のうち，持分相当額6（20×30％）を消去します。
（借方）持分法による投資損益　6
　　　　（貸方）投資有価証券　　6

■連結法の場合のアップストリームの会計処理■

　子会社が親会社に販売するアップストリームの場合，親会社が保有する在庫に含まれる未実現利益には，非支配株主に帰属する部分が含まれているので，親会社と非支配株主がその持分比率に応じて消去額を負担します。

■持分法の場合のアップストリームの会計処理■

　未実現利益のうち親会社の持分相当額を消去します。連結法では，まず未実現利益全額を消去し，次に非支配株主の持分相当額を非支配株主持分に負担させる処理を行います。

　持分法の場合は，一行連結ですので，棚卸資産に含まれている未実現利益のうち親会社の持分相当額のみを直接消去します。アップストリームでは，関連会社の場合も非連結子会社の場合も処理は同じです。

■連結法と持分法との仕訳の比較■

　関連会社（持分比率30％）が，外部から80万円で仕入れた商品に，利益20万円を付加して100万円で親会社Ｐ社に販売し，Ｐ社が在庫として保有している場合で，連結法と持分法を比較すると次のようになります。

連結法	（借方）売上原価（P/L）　20万円　　（貸方）棚卸資産（B/S）　　20万円 （借方）非支配株主持分(B/S)　14万円[*1]（貸方）非支配株主に帰属する当期純利益（P/L）　14万円 （*1）未実現利益20×（1－持分比率30％）	
持分法	（借方）持分法による　　6万円[*2]（貸方）棚卸資産（B/S）　　6万円 　　　　投資損益（P/L） （*2）未実現利益20×持分比率30％	

5-11 投資差額の償却
持分法の場合ののれん認識と償却

☞ 投資会社の投資額と関連会社の資本（純資産）との間に差額（投資差額）がある場合，その差額はのれんとして認識し，規則的に償却します。

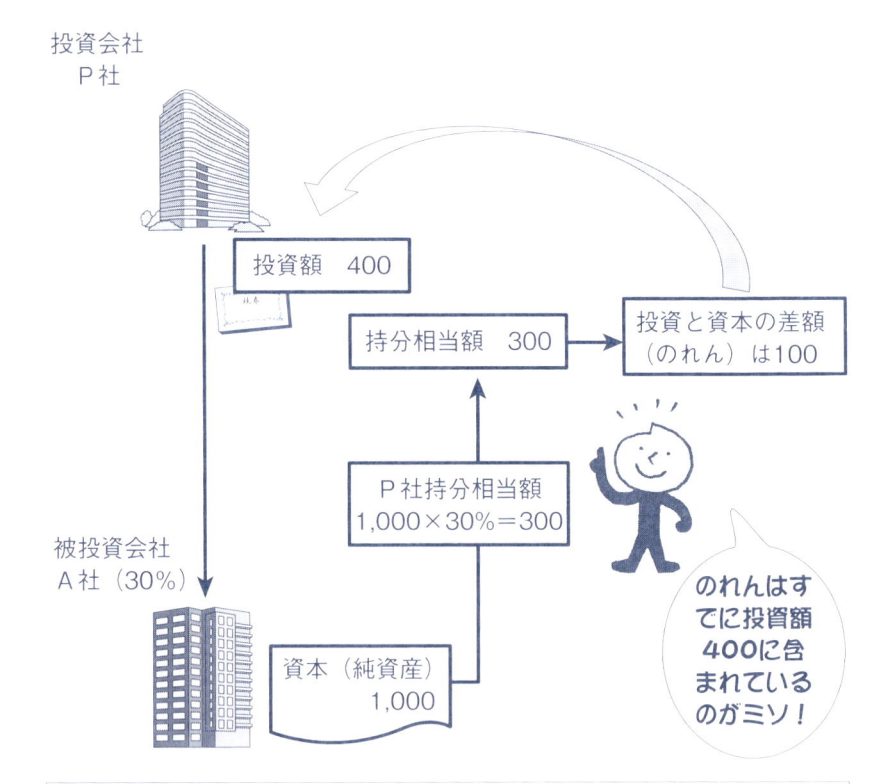

投資会社
P社

投資額　400

持分相当額　300 → 投資と資本の差額（のれん）は100

P社持分相当額
1,000×30％＝300

被投資会社
A社（30％）

資本（純資産）
1,000

のれんはすでに投資額400に含まれているのがミソ！

のれんの償却
一定の償却期間（ここでは10年）にわたり，費用計上（持分法による投資損益）し，投資有価証券を減額させます。
（借方）持分法による投資損益　10　（貸方）投資有価証券　10

■連結法の場合の投資差額（のれん）の計上■

子会社の資産と負債を時価評価して算定した資本（純資産）と，親会社の子会社に対する投資の差額を，のれん（無形固定資産）として連結財務諸表に資産計上します。

■持分法の場合の投資差額（のれん）の計上■

連結法と同じようにのれんを認識しますが，連結財務諸表に資産として計上することはしません。左の例でいえば，のれん100万円はすでに投資額400万円に含まれて投資有価証券として計上されているからです。

■持分法の場合ののれんの会計処理■

連結法と同じように，20年以内に定額法その他合理的な方法により償却します。一行連結ですので，仕訳は次のようになります。

持分法			
（借方）持分法による投資損益（P/L）	10万円	（貸方）投資有価証券(B/S)	10万円

One more

負ののれん

関連会社の資本（純資産）よりも安く取得した場合，負ののれんが発生します。この場合も連結法と同様に，発生した年度に利益処理します。

例：負ののれん100万円が発生した場合

（借方）投資有価証券(B/S)	100万円	（貸方）持分法による投資損益（P/L）	100万円

5-12 持分法適用会社と債務超過
関連会社の損失は誰が負担するか

> 持分法適用会社が債務超過に陥った場合，債務超過部分について負担するケースと負担しないケースがあります。

関連会社（持分30％）に損失が発生し，債務超過となった場合

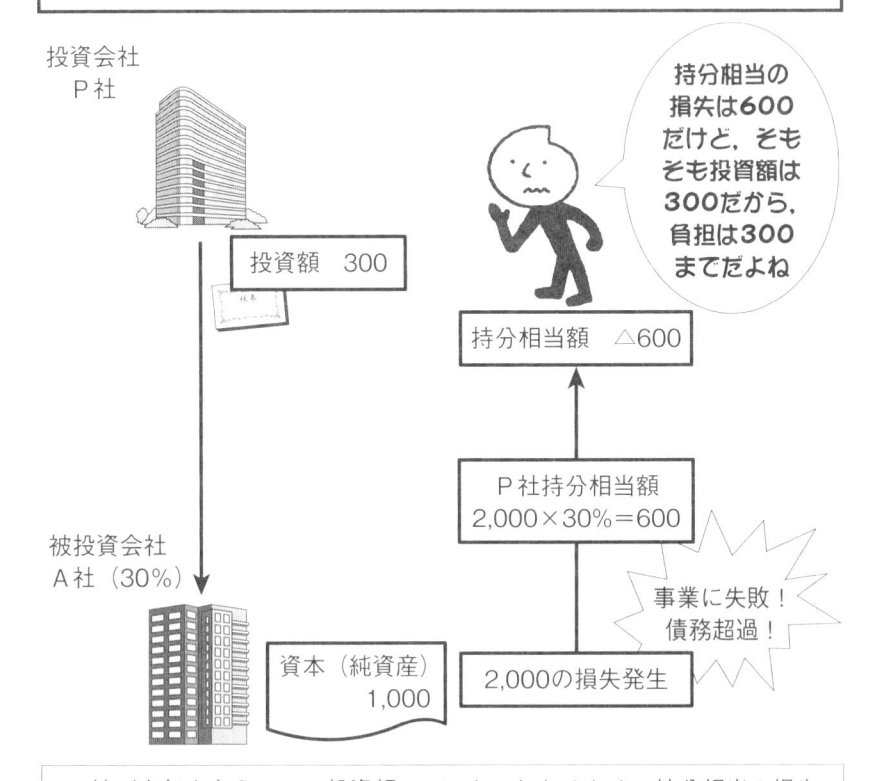

投資会社
P社

投資額　300

持分相当の損失は600だけど，そもそも投資額は300だから，負担は300までだよね

持分相当額　△600

P社持分相当額
2,000×30％＝600

事業に失敗！
債務超過！

被投資会社
A社（30％）

資本（純資産）
1,000

2,000の損失発生

P社が責任を負うのは，投資額の300までとなるため，持分相当の損失600のうち，300は負担しません。
（借方）持分法による投資損益　300　　（貸方）投資有価証券　300

■連結子会社の場合の債務超過額の負担■

100％子会社でない連結子会社が損失を計上した場合，非支配株主は自らの投資分しか責任を負いませんので，その持分を超える損失（子会社の債務超過）部分は親会社がすべて負担をします。

■通常は債務超過額は負担しない■

関連会社が損失を計上した場合，通常，投資会社は自らの投資分しか責任を負いません。よって，損失は関連会社の株式がゼロとなるところまでは負担しますが，その持分を超える損失（関連会社の債務超過）部分は，投資会社は負担しないことになります。

■債務超過部分を負担しなければならないケース■

投資会社が関連会社に対して債務保証をしていたり，他の株主との間で損失分担契約を締結していたりすると，債務超過部分についても投資会社が負担することになります。このような場合，その負担部分を認識しなければなりません。関連会社に対して貸付金等の債権があれば，その債権を減額します。認識額が債権額を超える部分は，「持分法適用に伴う負債」などの科目で負債に計上します。

（借方）持分法による投資損益（P/L）	600	（貸方）投資有価証券(B/S) 持分法適用に伴う負債(B/S)	300 300

▍One more ▸

持分法適用会社が非連結子会社の場合

持分法適用会社が非連結子会社である場合はどうなるでしょうか？　本来は連結法で処理すべき会社を持分法で処理しているにすぎず，その子会社の経営責任は親会社にあります。よって，子会社が債務超過となった場合は，その超過した損失部分は全額親会社が負担することになります。

COFFEE BREAK

個別財務諸表なのに持分法？

　財務諸表，財務諸表とひとくくりで使っていますが，財務諸表はその作成目的によっていろいろな種類があります。代表的なものは，株主に情報を提供することを主な目的としている会社法に従って作成される計算書類と，より広く将来の投資家も含めた利害関係者への情報提供を目的とした金融商品取引法に従って作成される財務諸表です。

　会社が子会社を有している場合，連結財務諸表を作成し，その会社のグループ全体の業績や財産の状況を示す必要があります。子会社がなければ，連結財務諸表を作成する必要はありませんね。

　では，子会社は1社もないのだけれども，重要な関連会社がある場合にはどうなるでしょうか。当然，子会社がないので連結財務諸表は作成しませんが，投資家からすれば重要な関連会社に対する投資の情報も知りたいはずです。

　そこで，金融商品取引法では，連結財務諸表を作成していない場合，個別財務諸表の注記として，関連会社に対する投資の金額や，投資に対して持分法を適用した場合の投資の金額，投資利益の金額を開示することを定めています。

第6章 海外子会社の連結

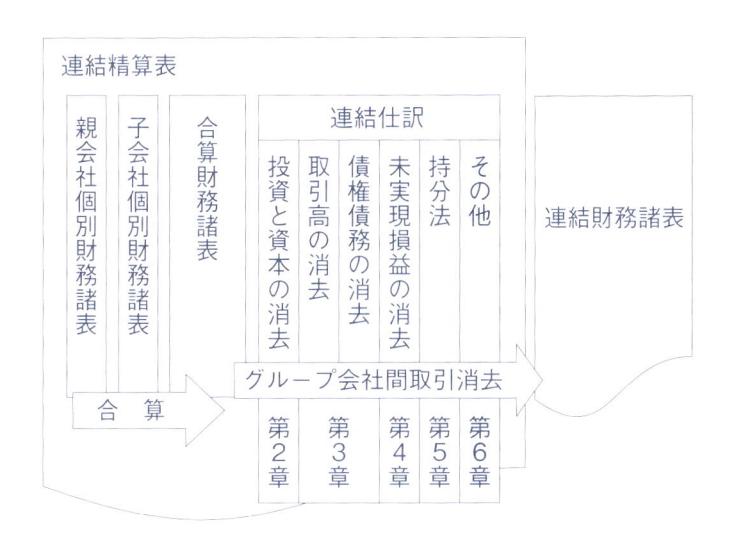

```
連結精算表
┌─────────────────────────────────────────────┐
│ 親  子  合     連結仕訳                      │
│ 会  会  算   投 取 債 未 持 そ               │
│ 社  社  財   資 引 権 実 分 の   連結財務諸表 │
│ 個  個  務   と 高 債 現 法 他               │
│ 別  別  諸   資 の 務 損                     │
│ 財  財  表   本 消 の 益                     │
│ 務  務       の 去 消 の                     │
│ 諸  諸       消    去 消                     │
│ 表  表       去       去                     │
│         グループ会社間取引消去               │
│   合 算  第 第 第 第 第                      │
│          2 3 4 5 6                           │
│          章 章 章 章 章                      │
└─────────────────────────────────────────────┘
```

この章では，海外の連結子会社の合算の仕方を見ていきます。為替換算調整勘定とは何か，を理解しましょう。

6-1 海外子会社の財務諸表合算
外貨を円貨に換算する必要がある

☞ 現地の通貨（外貨）で表示されている財務諸表を連結するには，日本円に換算する必要があります。

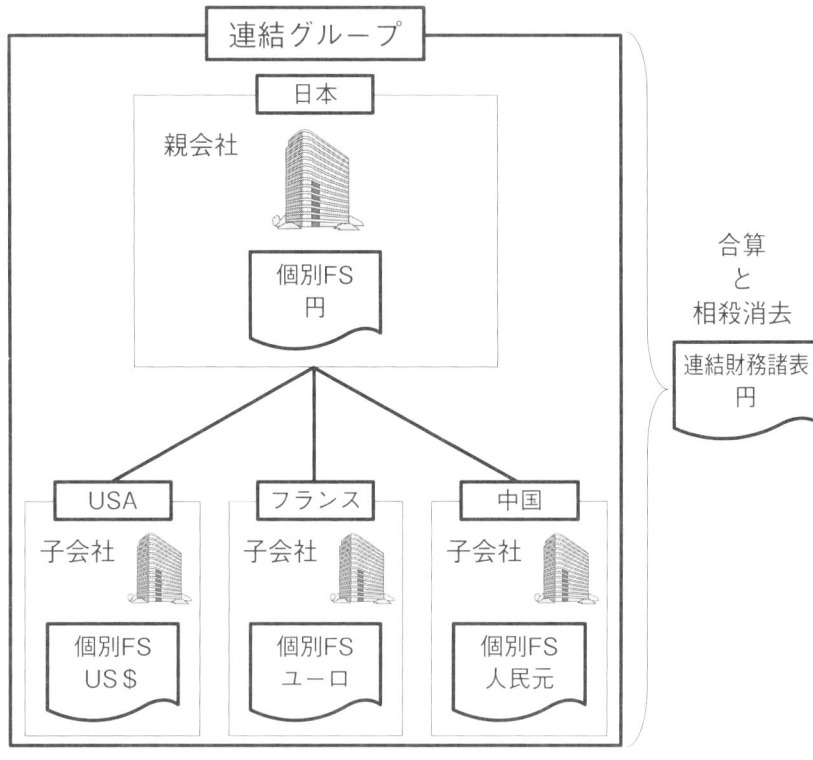

連結グループ

日本
親会社
個別FS
円

USA
子会社
個別FS
US$

フランス
子会社
個別FS
ユーロ

中国
子会社
個別FS
人民元

合算
と
相殺消去

連結財務諸表
円

財務諸表の通貨がバラバラだと，単純に合算できないぞ。

■連結範囲の視野を世界中に広げる■

　会社が事業活動を行うに際して，日本の中だけで取引を行うわけではありません。経済がグローバル化している現代においては，世界中にあらゆる事業拠点を設けている会社が多数存在します。

■連結の基本は合算から■

　連結の範囲に含まれる海外の子会社の連結手続は，基本的に国内の子会社の場合と変わりません。財務諸表を合算し，連結仕訳を行います。ただし，その子会社が海外に存在しているために生じる問題があり，それを解決したうえで連結手続を進めていかなければなりません。

■為替換算の問題■

　海外で取引を行うことで生じる問題の1つが取引通貨の換算です。財務諸表は日本の通貨である「円」によって表示されていますが，米国にある子会社の個別財務諸表は通常「USドル」で表記されています。

　このため，現地の通貨（外貨）で表示されている財務諸表を合算する前に，現地の通貨で表示されている財務諸表を「円」に換算する必要があります。

6-2 為替換算
フロー項目は平均レート，ストック項目は期末レートが基本

☞ 資産・負債項目は決算日レート（CR），損益計算書項目は期中平均レート（AR），純資産項目は取引発生時レート（HR）で換算します。

第3期
貸借対照表

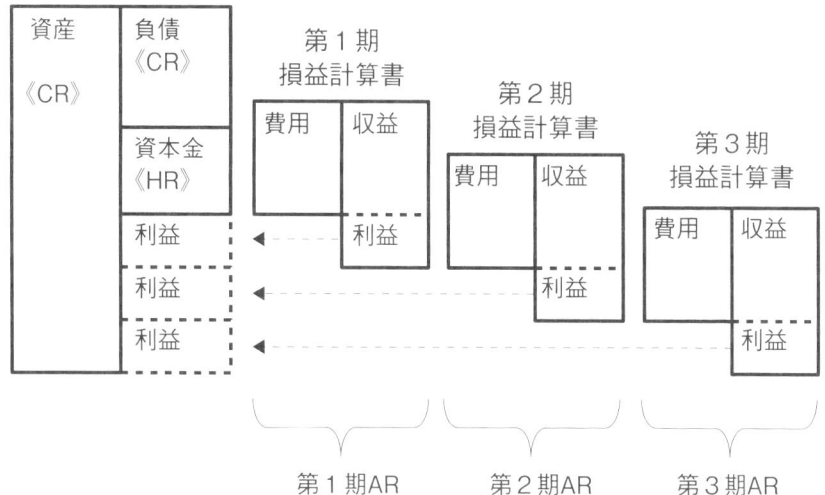

資産《CR》 / 負債《CR》
資本金《HR》
利益
利益
利益

第1期損益計算書： 費用 / 収益 → 利益
第2期損益計算書： 費用 / 収益 → 利益
第3期損益計算書： 費用 / 収益 → 利益

第1期AR　第2期AR　第3期AR

資産・負債はCR，資本金はHR，各年度の利益は各年度のARで換算が…
換算レートはバラバラだな。

AR（Average Rate）：期中平均レート
CR（Current Rate）：決算日レート
HR（Historical Rate）：取引発生時レート

■換算時の基本ルール■

換算するときは，基本的に下記のルールで換算します。

項目	使用するレート
損益計算書項目	期中平均レート（AR）
貸借対照表項目（資産・負債）	決算日レート（CR）
貸借対照表項目（純資産）	取引発生時レート（HR）

■損益計算書項目の換算■

損益計算書は日々の取引の積重ねであるフローを表すため，期中の為替変動を平均した期中平均レートが適切です。ただし，決算日レートによることも認められています。

■貸借対照表項目（資産・負債）の換算■

貸借対照表のうち資産・負債項目は期末日時点のストックを表すので，その期末時点の為替相場（決算日レート）を使用することで，期末日時点の円貨での財産の状態を表示できます。

■貸借対照表項目（純資産）の換算■

貸借対照表の純資産項目については，各項目の取引発生時レートとなります。株式取得時における資本は，取得時の為替レート，その他の項目については，それぞれの項目の発生時レートとなります。例えば，利益剰余金は，損益計算書の当期純損益の積上げですので，発生年度の期中平均レートで換算されたものが累積している状態にあります。

6-3 為替換算調整勘定
貸借一致させるための調整ボックス

☞ 換算の結果生じた差額は，為替換算調整勘定として貸借対照表の純資産の部に計上されます。

貸借対照表

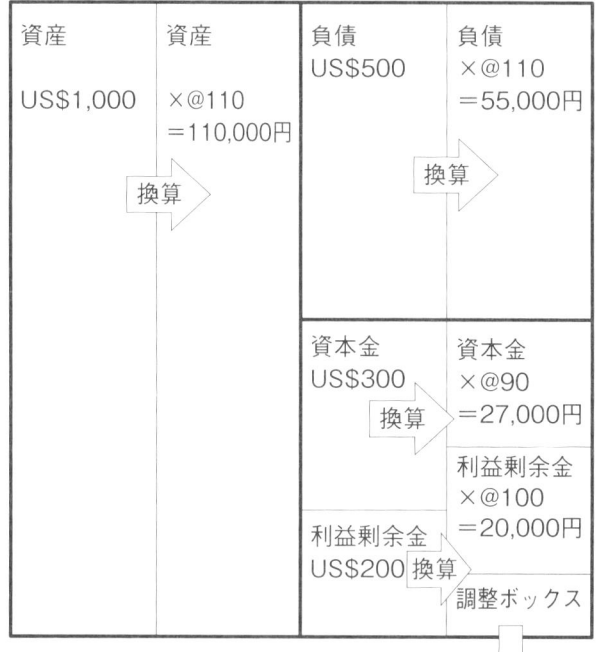

資産	資産	負債	負債
US$1,000	×@110 =110,000円	US$500	×@110 =55,000円
換算 ⇒		換算 ⇒	
		資本金 US$300	資本金 ×@90 =27,000円
			利益剰余金 ×@100 =20,000円
		利益剰余金 US$200 換算	調整ボックス

調整ボックスを入れて，貸借を一致させるのか！

→ 為替換算調整勘定 差額8,000円

AR（期中平均レート）　：100円/ドル
CR（決算日レート）　　：110円/ドル
HR（取引発生時レート）： 90円/ドル

■換算を行った結果生じる差異■

　前述のようなルールで外貨を円貨に換算していくと，必ず生じてしまう問題があります。貸借対照表のそれぞれの項目を異なる換算レートを用いて換算するので，円貨に換算後の財務諸表の貸借は一致しないことになりますね。

■調整ボックスとしての「為替換算調整勘定」■

　この換算の過程で発生した差額は，「為替換算調整勘定」として，貸借対照表上，純資産の部に計上することになります。この勘定の役割は，換算による貸借の不一致を調整することにあります。

> **One more**

為替換算調整勘定は何を示すのでしょうか？
　為替換算調整勘定は，資産と負債は決算日レートで換算する一方，資本や損益項目については発生時レートで換算することにより発生したものです。例えば，米国に子会社を1ドル＝200円の時代に設立したとします。この会社は一切活動をせず設立資金は大事に銀行に預金していました。その後，ドル安が進み1ドル＝80円となったとき，どのようなことが起こるでしょうか？
　資本金は200円で換算される一方，預金（資産）は80円で換算されますので，この差が為替調整勘定にマイナス金額として表示されます。つまり潜在的な損失が為替換算調整勘定として表われていることを意味します。
　このドル安による換算損は，この子会社がある限り，損益計算書に損失として計上されませんが，子会社を売却したり清算するなど消滅するときに損失として実現することになります。

6-4 海外子会社の会計処理の統一
連結財務諸表として共通の会計処理

> 会計処理は統一する必要があります。しかしながら，国際財務報告基準や米国会計基準によって作成されている財務諸表については，利用が認められています。

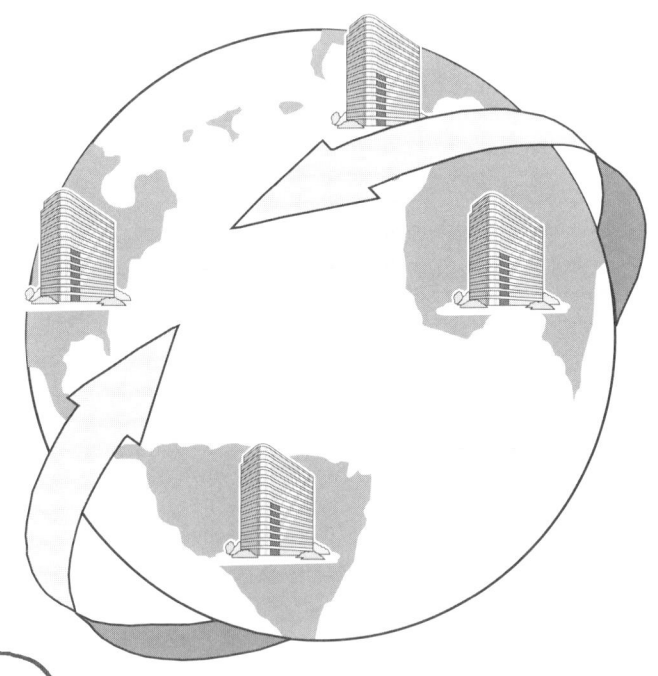

連結会社の会計処理は統一が基本。
でも，国際財務報告基準（IFRS）や
米国基準も条件付きで認められているんだ。

■連結財務諸表としての会計処理は1つ■

会計処理方法は，同一の環境下で行われる同一の性質の取引については，原則として親子会社間で統一すべきとされています。連結グループとして1つの財務諸表を作るので，同じ取引なのにバラバラの会計処理が行われていたら正しい財務諸表になりませんね。

■日本基準，国際財務報告基準，米国基準■

この取扱いは子会社がどこにあろうとも同じです。在外子会社についても同じ環境のもとで同じ性質の取引であるならば，親会社の処理に統一すべきです。

ただ，国際財務報告基準（IFRS）や米国会計基準によって作成されている場合には，日本基準との相違点が縮小してきているため，それらを利用することができるとされています。

■それでも修正すべき5項目■

国際財務報告基準（IFRS）や米国会計基準によって作成されている場合でも，「のれんの償却」のように日本の会計基準と大きく乖離している項目については，在外子会社の会計処理を修正する必要があります。

〈修正が求められる5項目〉
① のれんの償却
② 退職給付会計における数理計算上の差異の費用処理
③ 研究開発費の支出時費用処理
④ 投資不動産の時価評価および固定資産の再評価
⑤ 少数株主損益の会計処理

連結財務諸表作成の視点

　連結仕訳は，合算した財務諸表から二重に計上されている部分を消去するものです。ここまで見てきたように，連結仕訳はそれぞれパターンがあるので，親会社の投資額がいくら，子会社の資本金がいくら，子会社への売上がいくら，親会社からの仕入がいくら，と決められた情報がわかれば機械的に連結財務諸表を作ることができます。エクセルを使った簡単なものから，その会社に特化した高度なものまで巷には連結ソフトがあふれていますが，連結作業はシステム化しやすい作業といえるでしょう。

　ただ，連結ソフトが想定している仕訳パターンに該当する取引であればいいのですが，現実の商取引は複雑で，すんなりと仕訳パターンにあてはまらないものも出てきます。そのようなときは，定型化されている仕訳パターンを応用して仕訳を考えなければならないのですが，常に連結グループを1つの会社として考えると合算財務諸表のうちどの勘定（仕訳）が不要なのだろうか，という視点を持つことを心がけるとよいでしょう。

　仕訳だけを追っていくと，連結仕訳という深い深い森に迷い込み，正しい方向を見失ってしまうこともあります。そのため，最終的な連結財務諸表の形をイメージし，不要な金額を消去していくという，俯瞰できる目を持つことが必要です。

第 7 章 連結精算表と開始仕訳

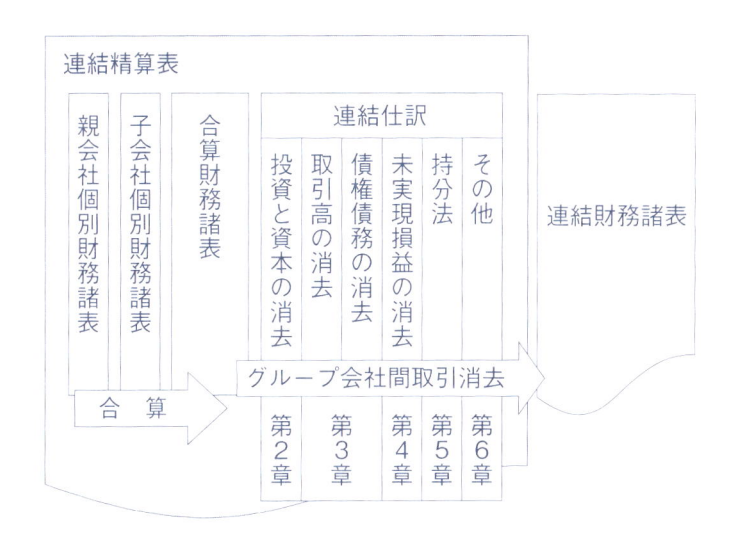

```
連結精算表
┌─────────────────────────────────────────┐
│ 親  子  合   連結仕訳                    │
│ 会  会  算   投  取  債  未  持  そ      │    連結財務諸表
│ 社  社  財   資  引  権  実  分  の
│ 個  個  務   と  高  債  現  法  他
│ 別  別  諸   資  の  務  損
│ 財  財  表   本  消  の  益
│ 務  務       の  去  消  の
│ 諸  諸       消      去  消
│ 表  表       去          去
│              グループ会社間取引消去
│    合算      第   第   第   第   第
│              2   3   4   5   6
│              章   章   章   章   章
└─────────────────────────────────────────┘
```

　いよいよ最終章です。ここでは，いままで見てきた「合算と相殺消去」のすべての作業がまとめられた連結精算表について説明します。

7-1 連結精算表
連結仕訳をまとめたものが連結精算表

☞ 今までの連結仕訳をすべてまとめた表が連結精算表です。連結財務諸表は，連結精算表により作成されます。

連結精算表

	STEP 1			STEP 2						STEP 3
	P社	S1社	…	合算財務諸表	投資と資本の相殺消去	取引高・債権債務	未実現利益	利益処分	持分法	…	連結財務諸表
〈B/S科目〉										
現金及び預金	×××	×××		×××							×××
受取手形	×××	×××		×××		×××					×××
売掛金	×××	×××		×××		×××					×××
商品	×××	×××		×××			×××				×××
―	×××	×××		×××	×××	×××			×××		×××
―	×××	×××		×××	×××				×××		×××
〈P/L科目〉											
売上高	×××	×××		×××		×××					×××
売上原価	(×××)	×××		×××		×××	×××				×××
―	×××	×××		×××			×××		×××	×××	×××
―	×××	×××		×××			×××			×××	×××
〈利益剰余金〉											
期首残高	(×××)	×××		×××	×××		×××			×××	×××
当期純利益	(×××)	×××		×××						×××	×××
配当金支払	×××	×××		×××				×××			×××
期末残高	(×××)	×××		×××	×××		×××			×××	×××

```
┌─ STEP 1 ─┐
│ 親会社と子会社の │ ⟶   ┌─ STEP 2 ─┐
│ 財務諸表を合算  │      │ 連結仕訳  │
└──────────┘      └──────────┘

          ┌─ STEP 3 ─────────────────────────┐
          │ 合算財務諸表(STEP1)+連結仕訳(STEP2)=連結財務諸表 │⟶
          └────────────────────────────────┘
```

■連結精算表とは■

　連結精算表とは，連結財務諸表を作成するにあたり必要な連結仕訳をすべてまとめた表です。連結精算表により，連結財務諸表の作成過程を可視化することができます。具体的には，以下の3つのSTEPにより作成します。

■STEP 1 ■合算財務諸表の作成

　親会社および各連結子会社の個別財務諸表を単純合算し，合算財務諸表を作成します。

■STEP 2 ■連結修正仕訳，持分法適用仕訳

　連結仕訳を連結精算表に計上します。これにより，グループ会社間取引の結果が消去されます。

■STEP 3 ■連結財務諸表

　STEP 1 とSTEP 2 を合計することで，連結財務諸表が完成します。

One more

会計方針の統一と個別修正

　同一環境下で行われた同一の性質の取引等については，親会社および子会社が採用する会計処理の原則および手続（会計方針）は，原則として統一しなければなりません。

　多くの会社では，グループ会計方針を策定して，グループ会社に周知させることにより，会計方針の統一を図ることが一般的ですが，固有の事情により，親会社と子会社の会計方針が異なる場合も考えられます。ある子会社の会計方針がグループの会計方針と異なる場合，その子会社の個別財務諸表自体を，連結作業の一環として修正（個別修正）する必要があります。

　通常，連結精算表に単純合算される個別財務諸表は，個別修正後の財務諸表（グループ会計方針に従った財務諸表）となります。

7-2 開始仕訳
開始仕訳とは過去の仕訳の引継ぎ作業

☞ 過去の連結仕訳は、開始仕訳として引き継ぐ必要があります。

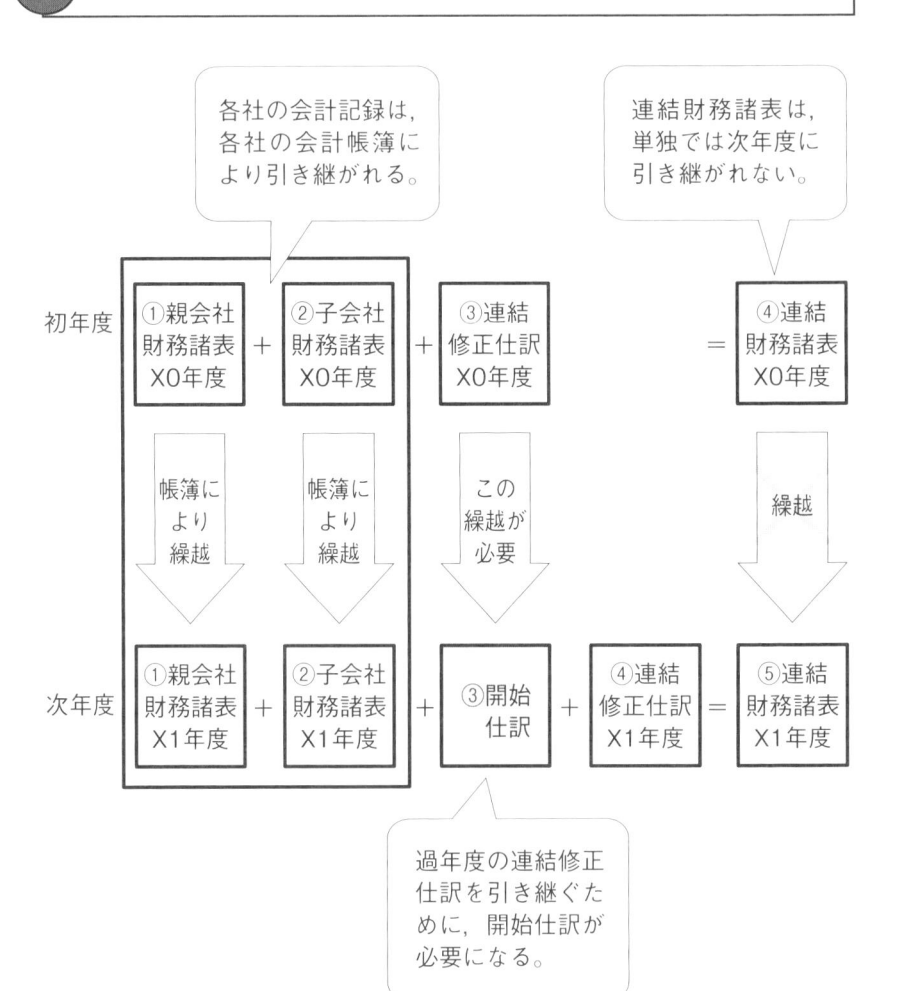

初年度: ①親会社財務諸表X0年度 + ②子会社財務諸表X0年度 + ③連結修正仕訳X0年度 = ④連結財務諸表X0年度

- 各社の会計記録は、各社の会計帳簿により引き継がれる。
- 連結財務諸表は、単独では次年度に引き継がれない。

①②は帳簿により繰越。③はこの繰越が必要。④は繰越。

次年度: ①親会社財務諸表X1年度 + ②子会社財務諸表X1年度 + ③開始仕訳 + ④連結修正仕訳X1年度 = ⑤連結財務諸表X1年度

過年度の連結修正仕訳を引き継ぐために、開始仕訳が必要になる。

第7章 連結精算表と開始仕訳　163

■**当期の連結仕訳は，何もしなければ翌年度に反映されない**■

　連結財務諸表は，継続記録による会計帳簿に基づいて作成されるのではなく，連結会計年度ごとに親会社および子会社の個別財務諸表を合算して作成されます。

　連結手続において入力された当年度の「連結仕訳」は，親会社および子会社の個別財務諸表と無関係であるため，何もしなければ翌年度の連結財務諸表に反映されません。

　そのため，連結財務諸表を作成するためには，過年度に実施した連結修正仕訳の影響を引き継ぐ必要があります。これを，「開始仕訳」といいます。

■**開始仕訳の対象**■

　開始仕訳は，過年度の連結仕訳のうち，純資産が変動する連結仕訳（投資と資本の相殺消去，未実現利益の消去，貸倒引当金の消去など）が対象となります。

　例えば，下記のように，損益に影響する連結仕訳が計上されると，連結貸借対照表の利益剰余金が変動します。この利益剰余金の変動金額は，何もしないと翌年度に反映されません。そのため，開始仕訳により，「利益剰余金　期首残高」として引き継がなければならないのです。

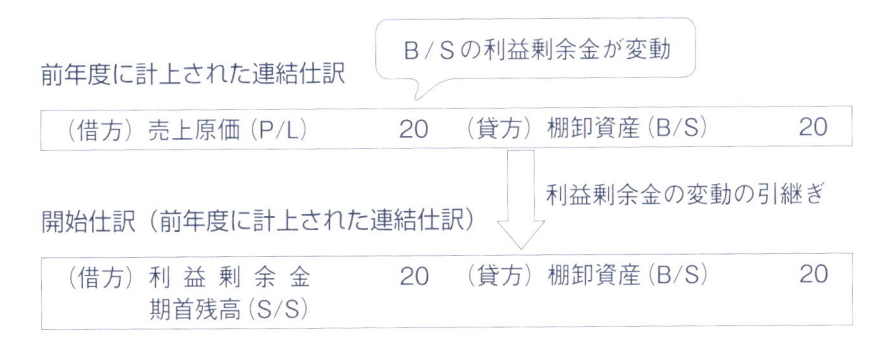

前年度に計上された連結仕訳　　　　B/Sの利益剰余金が変動

| （借方）売上原価（P/L） | 20 | （貸方）棚卸資産（B/S） | 20 |

　　　　　　　　　　　　　　　　　　利益剰余金の変動の引継ぎ
開始仕訳（前年度に計上された連結仕訳）

| （借方）利益剰余金
　　　期首残高（S/S） | 20 | （貸方）棚卸資産（B/S） | 20 |

One more

未実現の実現の仕訳

　開始仕訳とは，過去に行った純資産に影響があるすべての連結仕訳をもう一度計上するための仕訳です。開始仕訳を理解したところで，未実現利益消去の仕訳をさらに一歩進めて考えてみましょう。

　親会社P社は80万円で仕入れた商品に，利益20万円を付加して100万円で子会社S社に販売しました。しかし，S社はお客さんに販売できていません。つまり利益20万円は未実現の状態ですので，相殺消去します。

```
未実現利益の消去仕訳：
（借方）売上原価（P/L）　　20万円　　（貸方）棚卸資産（B/S）　　20万円
```

　翌年度はどうなるでしょうか。前期の仕訳は，借方が連結損益計算書勘定であることから連結利益剰余金が変動しています。このため，開始仕訳として仕訳を引き継ぐ必要があります。ここまでは，第4章で学習済みですので大丈夫ですね。

```
（翌年度）開始仕訳：
（借方）利益剰余金期首　　20万円　　（貸方）棚卸資産（B/S）　　20万円
　　　　残　　高　（S）
```

　さて，ここからさらに一歩進んでみましょう。翌年度，S社はこの商品をお客さんに130万円で販売しました。S社の個別財務諸表では，30万円（130万円－100万円）の利益が計上されます。単純合算の段階では，この取引による利益は30万円になります。

　一方，連結の視点からこの取引を捉えると，もともと80万円で仕入れた商品が130万円で販売できたのですから，利益は50万円となるはずです。つまり，前期は未実現であった利益を，翌年度に実現させる連結仕

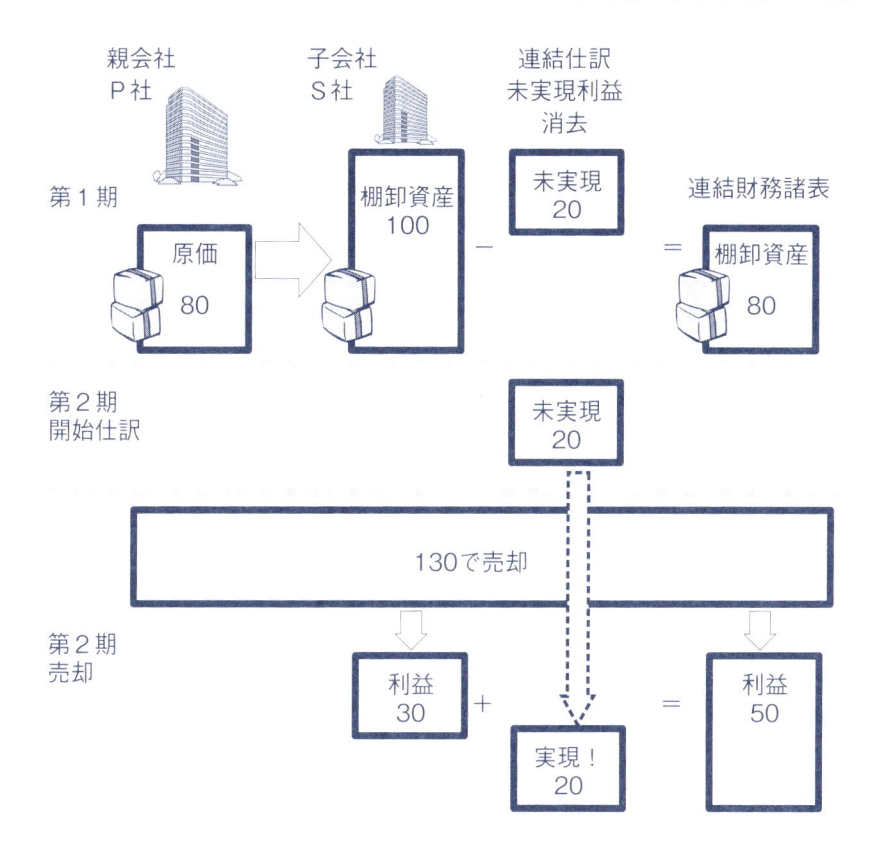

第7章 連結精算表と開始仕訳　165

親会社　　　子会社　　　連結仕訳
Ｐ社　　　　Ｓ社　　　　未実現利益
　　　　　　　　　　　　消去

第1期

原価　→　棚卸資産　　　未実現　　　　連結財務諸表
80　　　　100　　　　　20
　　　　　　　　　　　　　　　　　　　　棚卸資産
　　　　　　　　　－　　　　　＝　　　　80

第2期
開始仕訳
　　　　　　　　　　　　未実現
　　　　　　　　　　　　20

　　　　　　　　　130で売却

第2期
売却
　　　　　　利益　　　　　　　　　　　利益
　　　　　　30　　＋　　　　　＝　　　50
　　　　　　　　　　　　実現！
　　　　　　　　　　　　20

訳を計上する必要があるのです。

　次の仕訳が未実現の実現仕訳です。前期の未実現利益の消去仕訳を反対にした形になっていますね。借方の棚卸資産は，開始仕訳によって貸方に計上された棚卸資産を消去するものです。貸方の売上原価は，Ｓ社で100万円として計上されている売上原価を連結上あるべき80万円に修正するものです。これにより，連結上の利益は，あるべき金額である50万円となるのです。

（翌年度）未実現利益の実現の仕訳：			
（借方）棚卸資産（B/S）	20万円	（貸方）売上原価（P/L）	20万円

【執筆者紹介】

中川　政人
公認会計士。第5事業部に所属。
大手建設業，大手食品製造業，専門商社等の監査，内部統制助言業務，IFRS対応業務等に関与。日本公認会計士協会　監査・保証実務委員会　報告検討専門委員会専門委員長。
共著に，「連結決算書作成の実務」がある。

天野　丈
公認会計士。アドバイザリー事業部に所属。
製造業を中心に，サービス業，通信業，労働組合の監査や，IFRS対応業務，経理初心者向けセミナー講師等に従事。現在は，民間企業の経理部門に出向中。

佐久間大輔
公認会計士。金融事業部金融部に所属。
銀行業を中心に，リース業，信用金庫，信用組合等の監査，USGAAPコンバージョンやJ-SOXの導入支援，文書化支援，内部監査支援業務，オペレーショナル・リスク管理に関するコンサルティング業務に関与。

中村　辰也
公認会計士。金融事業部金融部に所属。
生命保険業を中心に，証券業，資産運用業，銀行業の監査，保険会社におけるERM態勢・IFRS対応の整備業務等に関与。

木全　計介
公認会計士。

【編者紹介】

EY | Assurance | Tax | Transactions | Advisory

新日本有限責任監査法人について

新日本有限責任監査法人は，EYメンバーファームです。全国に拠点を持つ日本最大級の監査法人業界のリーダーです。監査および保証業務をはじめ，各種財務アドバイザリーの分野で高品質なサービスを提供しています。EYグローバル・ネットワークを通じ，日本を取り巻く経済活動の基盤に信頼をもたらし，より良い社会の構築に貢献します。詳しくは，www.shinnihon.or.jp をご覧ください。

EY について

EYは，アシュアランス，税務，トランザクションおよびアドバイザリーなどの分野における世界的なリーダーです。私たちの深い洞察と高品質なサービスは，世界中の資本市場や経済活動に信頼をもたらします。私たちはさまざまなステークホルダーの期待に応えるチームを率いるリーダーを生み出していきます。そうすることで，構成員，クライアント，そして地域社会のために，より良い社会の構築に貢献します。

EYとは，アーンスト・アンド・ヤング・グローバル・リミテッドのグローバル・ネットワークであり，単体，もしくは複数のメンバーファームを指し，各メンバーファームは法的に独立した組織です。アーンスト・アンド・ヤング・グローバル・リミテッドは，英国の保証有限責任会社であり，顧客サービスは提供していません。詳しくは，ey.com をご覧ください。

本書は一般的な参考情報の提供のみを目的に作成されており，会計，税務及びその他の専門的なアドバイスを行うものではありません。新日本有限責任監査法人及び他のEYメンバーファームは，皆様が本書を利用したことにより被ったいかなる損害についても，一切の責任を負いません。具体的なアドバイスが必要な場合は，個別に専門家にご相談ください。

図解でざっくり会計シリーズ 5

連結会計のしくみ（第2版）

2013年3月15日　第1版第1刷発行	
2014年2月20日　第1版第3刷発行	
2014年7月15日　第2版第1刷発行	
2016年9月10日　第2版第5刷発行	

編　者　新日本有限責任監査法人
発行者　山　本　　　継
発行所　㈱中央経済社
発売元　㈱中央経済グループ
　　　　パブリッシング

〒101-0051　東京都千代田区神田神保町1-31-2
電話　03（3293）3371（編集代表）
　　　03（3293）3381（営業代表）
http://www.chuokeizai.co.jp/
印刷／昭和情報プロセス㈱
製本／㈱関川製本所

Ⓒ 2014 Ernst & Young ShinNihon LLC.
All Rights Reserved.
Printed in Japan

＊頁の「欠落」や「順序違い」などがありましたらお取り替えいたしますので発売元までご送付ください。（送料小社負担）

ISBN978-4-502-10991-1　C3034

JCOPY〈出版者著作権管理機構委託出版物〉本書を無断で複写複製（コピー）することは，著作権法上の例外を除き，禁じられています。本書をコピーされる場合は事前に出版者著作権管理機構（JCOPY）の許諾を受けてください。
JCOPY〈http://www.jcopy.or.jp　eメール：info@jcopy.or.jp　電話：03-3513-6969〉